AF450626

A l' Buèe

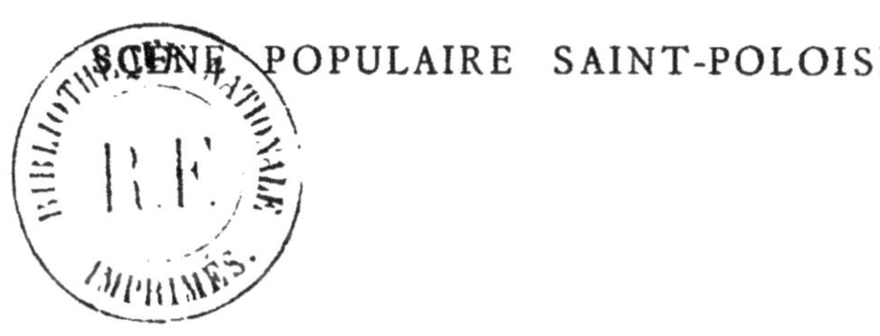SCÈNE POPULAIRE SAINT-POLOISE

A l'Buèe

SCÈNE POPULAIRE SAINT-POLOISE

PAR

Ed. EDMONT

TEXTE PATOIS. — TRANSCRIPTION PHONÉTIQUE
TRADUCTION LITTÉRALE. — PETIT GLOSSAIRE

PARIS

LIBRAIRIE H. CHAMPION, ÉDITEUR

5, QUAI MALAQUAIS, 5

1911

Tous droits réservés

A l' Buèe

Cha s'passe à l'armontèe amon d'des gins d'el ville, qu'on
y fait l'buèe. Gn'o troés buresses à ch'cuvier : FIFINE, LILIQUE
et pis BÉBETH, *qu'is calaud'té dur et ferme in ébrouant des*
qu'miches et pis cor des lincheux. Marie-Jenne, chelle mé-
5 *quenne, a' leu pâlle à chaque foés qu'alle vient dins chelle*
burie.

LILIQUE. — Comme cho, nous arv'lo toudis cor eune foés tous
les troés insânne, hein, Bébeth ?

BÉBETH. — Cha n's'ro mie l'darnière, énon, suppose ?

10 FIFINE. — Faut bien l'l'espérer. Ech boulache il avanche-t-i ?
Ravise un molé.

BÉBETH. — Aoui, chelle iau alle qu'minche à frichonner. Mais
mon Diu ! chés lincheux-lo comme is sont murgalès !

FIFINE. — Un bon cop qu'is sont murgalès !

15 LILIQUE. — Bè, ichi d'dins ch'est toudis comme cho. Is n'son-
gn'té poent gramint lu linche, on l'voèt bien.

BÉBETH — Queu boutique ! A-t-on jamais vu d'la vie des qu'-
miches aveuque des tassiaux comme chelle-chile ?

FIFINE. — Cho nan ! Bè, bè, n'in v'lo cor ichi deux, ch'est tout
20 pur pièche et morciaux ! Os n'vorrommes mie seul'mint l'zé
mette !

BÉBETH. — M'in pâlle pas ! N'in v'lo, des gins ! Et pis aveuque cho, cha s'donne des airs !... Cha n'dit mie seul'mint bonjour à chés gins quand qu'on l'zé rinconte !

25 LILIQUE. — Ah cho ! Bébeth, t'os jamais si bien parlé dé t'vie. Ch'est la pure vérité. Et arapes !... Cha nous donn'ro un molé d'clairisse ed soupe à minger, bè ! del pichate ed glaine ! et pis cor un morciau d'mécant bouli tout sé, aveuque del biére qu'alle sint toudis l' tonniau, tous les foés qu'os faijons l'buèe !

30 Mi, j'ai bien dins m'n idée d'pus y v'nir. Quoè qu'ch'est n'n'est qu' t'in dis, Bébeth ?

BÉBETH. — Bè, mi, si qu' j'y viens cor, té sais, ch'est au respect d' monsieur : ch'est un si bon homme, énon ? Ch'est pas comme es' saprée ratatoule ed fème. Li, à tous les moins, i nous

35 donne cor eune tite goutte ed généfe quand qu'alle o sin cul tourné, après nou café.

FIFINE. — Faut cho aussi, pour les biens. Cha rapoè toudis un molé sin pauver cœur, énon ?

LILIQUE. — Ah cho! Fifine, cha s'roèt rud'mint bien l'affaire

40 dé m'n homme, un bon verre ed généfe.

MARIE-JENNE, *qu'alle vient d'intrer*. — Vou homme, i n' n'o cor toudis cair, Lilique, du généfe ?

LILIQUE. — Si qu'i n' n'o cor cair !... Os faijez des contes !... Fauroèt poent gn'in faire passer tous les jours in s'elvant !

45 BÉBETH. — Edou qu'ch'est qu'i travalle, asteure ?

LILIQUE. — I travalle amon..... Chosse, à Saint-Miché. Té sais..., qu'il o cor eune sœur à marier...

BÉBETH. — Aoui, j' sais qui qu' ch'est. Bè ! si qu' chelle-lalle qu'a' s' marie..., jé n' sais poent, mais...

50 FIFINE. — A' s' marie toudis poent vite, énon ? Marie-Jenne, faijez un molé aller chelle caudiéré ; chelle iau a' n' bout pus, i m' sânne à vir ?

MARIE-JENNE. — Si fait, alle bout cor *(A' s'in vo)*.

LILIQUE. — Dis don, Fifine, Marie-Jenne ch'est-i pas eune niè-

55 che à Baptisse..., té sais, lo tout in haut d'ech fourbou d'Aire ?...

FIFINE. — Aoui, alle est d'el Vallée.

BÉBETH. — Eh ben, chti-lo, on peut dire qu'il o du goût. Mi, j' vorroès toudis pas l'y aller rester, dins ch' fourbou d'Aire ;

60 j'el l'ai pas cair assez pour cho.

LILIQUE. — A cause ?

BÉBETH. — A cause ? A cause eq' j'el l'ai pas cair. Et pis qua' même n'est-i qu' sacun l' sien, dé fourbou. Bè, v'lo deux ans bétôt qu' min fius qu'il y resse, dins ch' fourbou

65 d'Aire, eh ben ! ej sus cor à l' l'aller vir. I n'y rest'ro pus long-

temps, os verrez cho.

Fifine. — Té l' sais mie.

Bébeth. — Si fait, si fait, jé l' sais. Ej sus bien asseurèe qu'à l' première masonne aprope, il arvaro dins nou fourbou.

70 Lilique. — Jou qu'i vo toudis à l' querque, vou garchon ?

Bébeth. — Cho ouais, mais seul'mint i qu'minche un molé à s'in dégoûter.

Fifine. — A cause ?

Bébeth. — A cause ? Eh ben, à cause ed chelle peurène qu'il 75 o eue l' s'mânne d'edvant chelle-chile, em' fème !

Lilique. — Eq'mint cho ?

Bébeth. — Aoui, in étant à Horcloque aveuque sin comarate, il ont aperchu au loin ch'z imploïés d' Freuvint, et pis il ont fait un fort détourne pour eux poent t'ête prins. Acoutez l' tour 80 qu'il ont eu à Moncheaux ! Il étoètt'té din un cabaret in train d' lu rapoïer un molé ; v'lo tout d'in un cop qu'il y rinte deux gindarmes. Hureux pour eux qu'is n'avoètt'té pus qu'eune tite querquette ed sept huit lifes ed toubac dins leu sô. qu'is l' l'a- voètt' té jechtè d'zous chelle tafe à manière d'arien. El pus 85 chosse, énon, ch'est qu' chés gindarmes il ont v'nu leus y assir, à lu tafe, et pis qu'is n'ont poent seulmint seu vir ech sô ! Di- jez, dijez qu'is n'ont poent eu l'invint d' raviser cho qu'i gn'a- voèt d'dins ! Min fius il o toudis eu lo eune rude vénette ! Un ju comme cho, ch'est assez pou' l' dégoûter d'el conterbainde !

90 Fifine. — Cho ouais, Bébeth, ej vous croès. Jé n' n'ai mi-même el piau d' glaine, arien qu'à vous intinte. Mais, dins ch' four- bou d'Aire, à queul indroét qu' ch'est qu'i resse ?

Bébeth. — Bè, i resse lo quasimint à côtè d' mon Chosse..., té sais, qu'es' fème qu'alle boèt. Eh !... bè !... des loques !... 95 sin nom i m' passe pa' m' bouque, jé l' diroès chinquante foés pour eune !

Lilique. — Bah ! vo, n'impêche.

Bébeth. — Aoui, chti-lo, in parlant d' li, il est toudis bien plaqué, aveuque es' fème.

100 Fifine. — Aoui, i n'n'o eu, du mariache ! On peut dire, echti- lo, qu'il o mis sin nez tout in plein dins chelle barnée.

Bébeth. — Il éteut déficile, in étant à marier ?

Fifine. — Un rude cop, qu'il éteut déficile !... Gn'aveut mie un oraqueux parel dins chés quate fourbous. I faijoèt l' faraud, 105 si qu' té sairoès !... S'o-t-i pas fichu dins l' toupet d' courtiser chés filles d'el ville ! Is l' raviseutt' té mie, seul'mint. Pour dé- fénir, chés-lalles ed chés fourbous is n' voloètt' mie pus d' li !

Lilique — Cho, ch'est pas étonnant eune buque.

Fifine. — I voloèt bien eune foés aller aveuque mi ! Ej t'ell'ai

110 eu vite épourè, vo l I gn'o pus v'nu près.

Bébeth. — T'os rud'mint bien fait, Fifine. Quoè qu' ch'est n' n'est ! V'la-t-i pas un biau gai l

Lilique. — Bè, mi, vo, jé n' n'éroès bien fait autant qu' ti.

Fifine. — Pour défénir, i s' passe cor ed soupe les troés 115 quarts et d'mi du temps, do ! Ch'est bien fait pour li : cha li apprindro à démépriser chés gins.

Bébeth. — Chés hommes is sont tartouss' un molé comme cho, asteure. (A Marie-Jenne, qu'alle rinte) : Gn'o-t-i cor un molé d' carbonate, Marie-Jenne ?

120 Marie-Jenne. — Nan, os ez tout usè taleure.

Bébeth. — Dijez alorss' à vou dame qu'i nous n' n'arfaut.

Marie-Jenne. — A' n'y est mie ; alle vient d' sortir.

Fifine. — Edou qu' ch'est qu'alle est invoèe ?

Marie-Jenne. — A' m'o dit comme cho qu'a' s'in alloèt à 125 Treuvaux.

Lilique. — Si ch'est cho, alle s'ro cor eune résette à rintrer. Faijez-nous un molé d' café, Marie-Jenne.

Marie-Jenne. — Ej veux bien.

Bébeth. — Mettons sacun sou, pour avoir eune potèc d' brin 130 d' vin, os f'rons un p'tit pot. Quoè qu' ch'est n' n'est qu'os n'in dijez ?

Fifine. — Cho ch'est eune riche idèe. Faut gramint mius boire eune tite bistoule comme cho, énon ? qu'ed faire comme chés hommes : is sont tout jusse bons à picher nous sous conte 135 chés murs, et pis cor à nous cacher margache aprés pour leu faire à souper.

Bébeth. — Ah l cho ch'est bien vrai. T'nez, Marie-Jenne, allez nous querre du brin d' vin. (Chelle-chile alle sorte).

Lilique. — Aveuque tout cho, Jéjeph il est toudis défunctè à 140 l'hôpital, énon ?

Fifine. — Hai l... ch' pauve Jéjeph l M'in palle pas l... Bè l ch'est qu' ch'étoèt sin tour. Cha n' n'est toudis un qu'il o fait rire chés gins tout leu contint, chti-lo l

Lilique. — Ah l cho, li et pis ch' Dragon, conscienche de 145 Diu, aoui l on peut l' dire l

Bébeth. — Ch'est comme défunt Dodore ech Caron... T'el l'o connu, ti, Fifine, Dodore ech Caron ?

Fifine. — Dodore ech Caron ? Cho ouais. Gn'aveut mie d'homme pus gai qu'li au monte : il étoèt mor in étot d'faire 150 rire chés monts d'caillaux !

Bébeth. — Vo, j'in sais queute cose. Et pis i cantoèt à t'nure l Et des canchonnes l A mourir ed' rire, mes gins, à mourir ed rire l Même qu'eune foés i mé n'n'o fait picher dins m'qu'miche,

ed rire !... Mais d'rire..., ch'est pas toute d'el dire, à ténir em'
155 panche à deux mains ! I savoèt eune canchonne..., gn'o pus
parsonne qui l'sait, j'in sus bien asseurèe, chelle canchon-lo.
Em'n onque Louis i l'savoèt aussi... Os l'l'ez connu, m'n onque
Louis ?

Lilique. — Té fais des contes !... Os n'n'ons mie connu d'aute !

160 Bébeth. — Bè, tout autant qu'ej peux m'in rappéler, alle
qu'minchoèt comme cho, s'canchonne :

Faijons babache lo sus ch'rempart,
Cha nous donn'ro du plaisi...

Ch'est pétête pas tout à fait comme cho, mais ch'est toudis
165 queute cose d'approchant. Echl air jé l'sais pus. Ch'étoèt toudis
fin rézipe. Chelle foés-lo, jé n'n'ai eu quasimint du mau ; ch'est
pas bon, do, d'rire comme cho.

Fifine. — A qui qu'té l'dis, m'pauve Bébeth ! Cha m'o arrivè
eune foés amon d'ech scélérat d'Jéjeph : chés saprés cordon-
170 niers-lo il ont toudis eu cair à faire des farces.

Lilique. — Cho, ch'est la pure et sainte véritè ; is n'in res-
pir'té poent eune bonne. Ch'est-i qu'i té n'n'o fait eune, dé
farce ?

Fifine. — Nan, pas à mi, ch'est à eune païsante un jour ed
175 marqué.

Bébeth. — Allons, Fifine, raconte-nous un molé cho..

Fifine. — Bez, j'étoès à s'masonne eq' jé li apportoès les
bross'quins d'min fius pour li l'z ardacher...

Marie-Jenne, *qu'alle rinte aveuque ech marabot dins s'main.*
180 — T'nez, v'lo ch' café, passez-mé sacun vou gobe.

Lilique. — Ah ! cho, ch'est eune belle affaire. Os n'ez jamais
si bien parlé, Marie-Jenne.

(Marie-Jenne alle verse ech café ; alle met ch' chuque et pis
chelle goutte ed'dins ; is s'assit' té tous les quate, et pis cor is
185 *boètt' té des petit'é goulées pour faire durer ch' plaisi pus*
longtemps).

Bébeth. — Marie-Jenne, vou café il est rud'mint bon : os s'y
intindez.

Fifine. — On est toudis rapoïé un molé, aveuque eune tite
190 tassette comme cho.

Lilique. — Seul'mint, énon, il o un molé l' goût d' trop peu.

Bébeth. — Cho ouais : on n' s'en' n'arcrandit poent, d' chés
bonn'é coses.

Lilique. — Eh ! Fifine, défénis un molé t'n histoire.

195 Fifine. — Ah ! oui, j' parloès d' Jéjeph et pis cor ed chelle farce
qu'il o fait eune foés à eune païsante un jour ed marqué,
énon ?

Bébeth. — Aoui, ch'est cho.

Fifine — Eh ben, chelle foés-lo, énon, gn'o eune fème du vil-
200 lache qu'alle met s' tête à l' farnête, et pis cor a' li d'mante si
qu'i n' éreut poent d' zoin d'un bon lapin. Li, i dit qu' aoui. Alle inte, et pis alle déflique sin lapin d'sin panier, ed sin ré, comme alle dijoèt. Titine a' n'y éteut pas. V'lo min sapré Jéjeph qui
met ch' lapin dins l' gaïole ed sin mouviar, qu' i n' n'avoèt pus
205 à ch' momint-lo, et pis cor i l' rahoque à s'in sommier. Chelle
fème a' l'ravisoèt d'eune drôle dé z'œul, faut pas d'mander.
Li, i li dit comme cho : « Assiyez-vous eune minute, em' fème
alle vo rintrer, a' vous paro, qu'i dit comme cho.» Eune mi-heu-
re a' s' passe ; os d'visemmes toudis in attindis. Titine a' n'
210 arvéneut pas.Chelle païsante a'n'duroèt pus ; alle dijoèt à' t'nure : « A' n' arvient poent habile, vou fème, a' n'arvient poent
habile ! » Jejeph i m'ravisoèt toudis in faijant des clongnons ;
ej véyeus bien qu'i li faijoèt eune farce. Ej n'in pouyeus pus
d'm'arténir ed rire, eq' jé n' n'avoés du mau. J'ai féni par m'ar-
215 naller. Après, j'ai seu qu'chelle païsante alle y avoèt resté deux
heures, amon Jéjeph ; alle étoèt d'eune rage, paraît !... Li, il
o féni par el y ardonner, sin lapin, pisqu'i li dijoèt qu'i n'avoèt
poent d'argint pou l' païer. Seul'mint, ch' marqué il étoèt féni ;
à chl' heure-lo, alle l'éro poent vindu, probape, sin lapin.

220 Bébeth. — Sapré Jéjeph ! I n' in savoèt mic faire d'autes.
Ch'est comme Dodore ech Caron, en' n'o-t-i fait, d' chés farces !
Et à chés bardalées ! Ch'étoèt toudis li qui leu mettoèt ch'dra-
piau à cul nu, quand qu'i gn' avoèt des jonnes filles qu'il y al-
loètt'té sans t'ète marraines. Cho, gn'aveut poent à tortigner,
225 faulloèt sacordié qu'il y éroètt' té passè ! Cha s' faijoèt cor,
énon, d' nou temps ?

Lilique. — Cho ouais ! On mé l' l'o bien fait eune foés, à mi.
Seul'mint, vo, on n'm'o pus rattrapèe à l'y aller, à chés bardalées, d'vant d'ête marièe !

230 Fifine. — Et à chés *Pots cassés* ?

Bébeth. — Aoui, à chés *Pots cassés*, ch'est lo, qu'os n' n'ons
cor eu aussi, du plaisi !

Lilique. — T'os mardié bien raison, Bébeth. Ah ! jour dé Diu,
aoui ! Os n' n'avons-t-i eu, du plaisi, adont !

235 Bébeth. — Cho ouais ! Bè, t'os connu grand-père C***, qu'il o
resté longtemps lo à l'montée d'el chimintière, à côté d'nou
mason, même qu'i gn' avoèt quasimint poent d'hayure intardeux chés deux gardins. Nous autes, os li jechtemmes des caillaux dins s' porte ed rue, et pis os rintremmes bé vite sans
240 qu'i nous voèche. I sortoèt pour li vir echti qu'ch'étoèt, et pis
cor i n'éteut poent d'sitòt sorti qu'os gn'arjechtemmes dins s'

porte ed cour pa' ch' gardin. I juroèt des *Nom des Diu* ! et pis
cor des *milliards* ! Faulloèt l' l'intinde ! Té sais, ch'éteut
poent un saisi, grand-père C***.

245   LILIQUE. — Cho nan, Bébeth, bien asseuré !

BÉBETH. — I n'o mie jamais seu qu'ch'étoèt nous autes. Cor,
sin fius il y étoèt, aveuque nous. Et pis qu'i n'osoèt mor poent
d' rire tout sin sau, quèqu' foés qu'sin pére qu'il l'éroèt intindu ! I n'in pichoèt d' rire, em' fème, i n'in pichoèt d' rire ! Et
250   ch' Tit-Roux, qui restoèt in face tout à fait d' nou mason !... Té
sais ?...

LILIQUE. — Aoui, j' sais bien qui qu'ch'est. Té fais des contes !...

BÉBETH. — Aoui, chti-lo qu'es' fème qu'alle dijoèt toudis : *Viv'*
è Diu ! Alle l'o-t-i dit des foés, *Viv' è Diu* ! Eune foés, énon, mi,
255   j'ai montè dins min garnier, et pis cor j'ai rouvert à mitan chelle trappe, et pis j'el y ai jechtè un gros caillau dins s' porte.
Jé m' rintique bé vite, mi. Li, l' v'lo qui sorte et pis qu'i ravise par tout partout : i n'voèt parsonne. I rinte. Ponff ! mi, j'el
y arflanque un caillau dins s' porte. Il arsorte. I n'voèt pos cor
260   parsonne. Il ar'rinte. Pourdouff ! cor un aute caillau. Jé gn'ai
jéchtè pus d' diche comme cho d'affilèe. J'sus bien asseurèe,
Lilique, eq' si qu'il éroèt seu qu' ch'étoèt mi, énon, i m'éroèt in
constinotte tordu m'n amer !

LILIQUE. — Cho ouais, t'éroès rud'mint passè les piques.

265   FIFINE. — Bah ! bah ! si qu'cha s'roèt asteure ! on vous mar-
roèt, énon, à l'hosto. On n'sait mie pus rire comme ed nou
temps.

BÉBETH. — *(A chelle méquenne)* Os ez cor un p'tit fond dins
vou marabot, Marie-Jenne. Versez-nous cor eune pétite quin-
270   quinette.

MARIE-JENNE. — Cha peut cor es' faire *(Alle arverse un molé*
d' café din chés gobes).

FIFINE, *aprés avoir heumè s'gob'lèe*. — Heumm ! Cha vous
rappoè un molé, hein ! cho, Bébeth ?

275   BÉBETH. — A qui qu' ch'est... ? *(Chelle sonnette alle vo)*.

MARIE-JENNE. — Ch'est m'dame asseurè ! Muchez vous gobes
bé vite ! *(A' s'arsauve aveuque ech' marabot)*.

BÉBETH. — Hai ! mon Diu Seigneur, on n'est in conscienche
poent in étot d'ète eune minute tranquille, ichi !

280   LILIQUE. — Tais-t', toudis, m'in palle pas ! Vo, is n'ramon'ront
pas longtemps mes crottes.

BÉBETH. — La, la ! dis pas tant. Té s'ros cor bénache assez
d'el y arvénir.

LILIQUE. — Mi ? J'el y arnonche comme à mes p'tits solets !

285   BÉBETH. — Ej té dis qu' t'el y arvarros !

Lᴉʟᴉϙᴜᴇ. — Eh ben! os verrons un p'tit molé !

Fɪғɪɴᴇ. — Crie pas si fort, eh ! Lilique ; on t'intind d' chas rues.

Lɪʟɪϙᴜᴇ. — Mi ! Jé n' n'ai pas foute eune buque ! Et pis qua' même, j'ai mie peur ed' parsonne. Jou qu'té croès...? Té sais, j'sus pas comme Ninie qu'a' s' saisit toudis pour arien, do, mi !

Bᴇ́ʙᴇᴛʜ. — Eh ben ! et s' fille, in parlant d' Ninie, alle est comme arvénue d' Paris !

Lɪʟᴉϙᴜᴇ. — Cho ! Mi, j'el saveus bien qu'alle éroèt arvénu aveuque cho qu'alle cachoèt !

Fɪғɪɴᴇ. — Alle fait toudis rud'mint sin quéqu'un, d' pis qu'alle est rapparue. chelle-lalle !

Lɪʟɪϙᴜᴇ — M'in pâlle pas ! Cha dégoûte ! Cha met des robes à firlipipis et pis cor des capiaux à pleumes, et si qu'cha n'o seul'mint poent eune bonne qu'miche à mette dins sin dos !

Bᴇ́ʙᴇᴛʜ. — Alle f'roèt gramint mius d' laicher chés sous à s' mère. Vo, a' n' n'o d'zoin, chelle-lalle, aveuque el brigade d'éfants qu'alle o.

Fɪғɪɴᴇ. — Hureux pour elle qu'alle o cor un homme eq' ch'est pas un losse, ni un arsoulle, qu'i li rapporte cor tout sin molé d'argint, énon ?

Lɪʟɪϙᴜᴇ.— Aoui ; ch'est pas comme el nièche gramère Bartine. A' n' n'o un, chelle-lalle, i n'est poent honteux d' li boire toute, qu'i n'n'o même poent assez. Vo, ch' brin d'vin i rabach'ro d'un sacré cop quand qu'i morro, chti-lo !

Fɪғɪɴᴇ. — Alle ress'-t-i cor dins ch' fourbou d'Aire.

Lɪʟɪϙᴜᴇ — Aoui, alle est cor dins l' mason d' défunt s'tante.

Bᴇ́ʙᴇᴛʜ. — Mi, j' m'in rappelle mie, d' Bartine.

Lɪʟɪϙᴜᴇ. — Quoè qu' ch' est n'n'est ! té t'in rappelles pas ? Eh !... t'in connoès mie d'aute ! Bartine..., qu'alle étoèt un molé sosotte..., té sais...!

Bᴇ́ʙᴇᴛʜ. — Ah ! oui ! J' m'el ramintus, asteure.

Lɪʟɪϙᴜᴇ. — Jé l' savoès bien. Eh ! Fifine !

Fɪғɪɴᴇ. — Et quoè ?.

Lɪʟɪϙᴜᴇ. — Passe-mé chl'écuelle à l' zièpe (*Fifine a' li passe*). Bez, qu'ej vous raconte, pisqu'os n'in parlons, d' Bartine. In étant jonne, énon, alle avoèt un amoureux, eq' ch' étoèt Longue-Panche, et pis chti-chi il l'avoèt laichée lo pour li aller aveuque em' gramère. Alorss', comme dé jusse, cha li alloèt pas, à Bartine. Acoutez eune foés cho qu' a' li o fait. Eune foés, qu'alle étoèt tout prés d'ech' Calvaire, alle voèt monter m' gramère. Alle l'attind, et pis, quand qu'alle o été tout conte, alle l'aherd par sin co aveuque ses graus, et pis cor a' li dit comme cune gins in rache : « Em' rindros-tu m'n amoureux ? Ichi,

330 d'vant l' bon Diu, faut qu' té l'diches ! » Bartine, in dijant cho,
énon, a' li pochoèt si fort es'n aloïau, qu'em' gramére a' li o promis tout cho qu'alle o volu pour qu'a' l'laiche aller. Cha n'impêche poent, do, qu'a' n' s'o mi mariée aveuque li pour cho.

BÉBETH. — Ah ben ! i m' sânne à vire eq' j'en' n' ai eune foés
335 intindu queute cose, d'echl histoire-lo.

*(A ch' momint-lo, Marie-Jenne alle apporte l'archiné d' chés
buresses. Alle pose ech pain, ech burre, troés quate pem-
mes et pis cor un pot d' biére aveuque troés verres sus chelle
tafe, et pis a' s'rinvo sans dire arien).*

340 FIFINE. — Ch'est-i qu'i s'roèt déjo l'archinée ?

LILIQUE. — Cho ouâis ! Quand qu'on travalle comme nous autes, el temps i passe vite, do.

BÉBETH. — Allons, alorss', archinons. Et pis qua' même, ej'
sins min cœur qui tire.

345 LILIQUE. — Queu dur pain, mes gins ! Queu sale burre !
(Il archenn'té tous les troés)

BÉBETH. — On voèt bien qu'os n'semmes pus chi amon d' monsieur P*** ! Queu bon homme, énon, qu' ch' étoèt ! Os y archi-
nemmes toudis comme des princesses, à s' masonne ! Gn'in o
350 pus, comme li !

LILIQUE. — Cho nan ! Gn'in o pus.

BÉBETH. — Et ch'bon p'tit verre ed vin pa' d'zeur, qu'i nous
l' l' apportoèt cor li même ! On diroèt qu' j' el voès cor, ech
pauve monsieur P***. Ch'est toudis chés gins-lo qui s'in vont
355 d'vant l'z autes. Allez, chés-lo d'ichi i n' sont poent prés d' claquer, mi j' vous in réponds.

FIFINE. — Ah cho ! nan ! Ch'est la pure vérité. Is nous f'ront
cor inrager pus d'un cop, d'vant lus in aller.

MARIE-JENNE, *qu'alle arvient aveuque ech café.* — Madame
360 alle o dit d' vous dire qu'os s' dépéchéches un molé, pace chés
jours is qu'minch'tent à raccourcher.

LILIQUE. — Pus souvint, qu'os n' beuvremmes poent nou café
tranquille ! Os poyez li dire, à vou dame : mi, j' m'armets
poent à ch' cuvier d'vant un quart d'heure d'ichi.

365 *(Marie-Jenne a' s'arvo sans dire arien).*

FIFINE — Quoè qu' ch'est n' n'est ? N'in v'lo-t-i pas eune belle,
dé madame, qu'i fauroèt s'étrànner pour invaler sin cafiau,
crainte ed perde deux minutes ! Comme si qu'on n' sairoèt pas
cho qu'alle o été dins l' temps !

370 LILIQUE. — Tais-t', toudis, vo, m'in pâlle pas ! Alle est insur-
portape ! Et dins chés boutiques ! Faut l' vir ! Alle f'ro déploïer
toute, imblaïer chés comptoirs et pis cor chés caïelles pindant
des heures, pour fénir par s'in aller sans acater arien, in fai-

jant toudis : « *Putt ! Putt !* sus tout cho qu'on li amoute ! I
375 faut qu'is n' n'euch' té del patienche, chés filles ed boutique,
aveuque eune gins dé s' sorte ! Vo, mi, j'el l'éroès vite invoïée
galter !

FIFINE. — Bè, cha dégoûte ! On peut dire qu'on y voèt toute,
sur la terre du monte !

380 BÉBETH. — Bez, mes gins, armettons-nous tut d'même à chés
lincheux, cha n' s'roèt-i qu'au respect d' monsieur.

LILIQUE. — Bè, mi, vo, hormis pour li, gn'o longtemps qu'
j'éroès laiché lo toute in biblan.

BÉBETH. — Eh ! ch'est bon. Bè, ti, té m'imbètes ! Parlons
385 d'auter cose, putôt.

FIFINE. — Ed quoè ?

BÉBETH. — Ed quoè ? D' tout cho qu' té veux. Bè, té parloès
orains d' gramère Bartine... Qu'ej vous raconte el tour eq'
min fius qu'il o jué eune foés à sin p'tit-n'veu, à gramère Bar-
390 tine.

LILIQUE. — A Titisse ?

BÉBETH. — Aoui, à ch' sot Titisse. Bè, min fius, ch'étoèt eune
foés l' diminche d'el ducasse Saint-Miché, — g'no déjo eune ré-
zette, ed cho ! — il étoèt rassis dins l' soèrèe din un cabaret
395 d'ech' fourbou d'Arros aveuque troés quate ed ses comarates,
qu'is n' n' arvénoètt' té, del ducasse. Is voètt'té rintrer tout d'in
un cop el tit-n'veu d' Bartine aveuque un biau dorè à lait hou-
li rintortiyé dins du papier, qu'il avoèt rapporté d'amon Fifi
pour li régaler s' tante comme i faut, à cho qu'i dijoèt in
400 rintrant.

« Hinhouin ! qu'i gn'in o un qui li dit, ti ? t'es bien trop ara-
pe pour cho, un ours comme ti !...

— Mi, j' sus t'un ours ? qui dit Titisse. D'mande-li un molé, à
m' tante, si qu' jé gn'ai pas déjo rapporté, del tarte, del ducas-
405 se. Dis-l' lé cor un molé, qu'ej sus t'un ours, qu'i dit comme cho !

— Ouais, ouais, qu'i dit min fius, t'es t'un ours ! T'os'roès mie
seul'mint dépinser deux sous pou li arporter des pronnes,
hai !... à t' tante Bartine.

— Ah ! j'ose pas dépinser deux sous, qu' té dis !... qu'il ardit
410 Titisse. Et cho ?... quoè qu' ch'est n' n' est ?... Ravisse un
molé !... »

In dijant cho, énon, i détortelle sin paquet et pis cor i leu
met chelle tarte ed'zous leu nez.

Min fius i li dit : « Patrique-el-lé pas comme cho, tin dorè, à
415 tous les moins, qu'i li dit. Rintortelle-el-lé putôt comme i faut.
Bè, tiens, marche el mette dins l' masonne par lo dins chl' ormoire : té l' l'arprindros in t'arnallant, espèce ed braque ! Al-

lons, dépèch'-t'. hai ! . . . té beuvros du café aveuque nous
autes. »

420 Comme fut dit fut fait. Intandis qu'il éteut invoè mette es'
tarte à plache, min fius i dit comme cho à l'z autes tout bos :
« Dijez arien, ej f'rai les mêmes d'aller picher taleure et pis cor
ej' li f'rai eune farce, qu'i leu dit. »

 Cha n'o mie manqué. Titisse i s'o rin-n'allè eune foés qu'il o
425 étè l'heure, comme elz autes, aveuque es' tarte qu'alle étoèt cor
fin bien rintortiyée comme quand qu'il l'avoèt mis dins chl'
ormoire ; et pis, l'led'main à sin diner, il apporte ech paquet
à s' tante pour li faire eune surprisse, et pis cor i li dit comme cho :

430 « T'nez, ma tante, ravisez queu biau dorè à lait bouli qu'ej'
vous ai rapportè d'el ducasse Saint-Miché, qu'i li dit. Os s'in
chuch'rez les quate doéts et pis l' pouche, je' n' vous dis qu'
cho ! »

 V'lo Bartine qu'alle détortelle ech paquet. Adviniez un mo-
435 lè cho qu'i gn'avoèt d' dins, ej vous l' donne in diche. Bez,
n' cachez poent, os l' truvarez pas. Et ben ! ch'étoèt,... ch'é-
toèt l' couvert ed commoditè d'ech cabaret, qu' min scélérat
d' fius li avoèt mis in plache ed sin dorè, in faijant les mêmes
d'aller picher, comme il l'aveut dit à l'z autes ! J'in ris cor.

440 *(Is s'ébouff' té tartouttes ed rire).*

 Lilique. — Ah ! ah ! ah ! cho, Bébeth, ch'est un tour rud'mint
bien juè ! Ah ! ah ! ah ! Et chelle tarte ?

 Bébeth. — Chelle tarte ? Ils l'ont galoufée tartous edvant
d'arvénir. Alle étoèt rud'mint bonne, eq' min fius qui m'o dit
445 comme cho. Seul'mint, Titisse i gn'o volu longtemps, do : il
l'avoèt rud'mint mingée à l'ongnon, chelle-lalle !

 Fifine. — Ej' m' appinse lo d'eune cose... Bez, ch'est in parlant d'ech couvert ed commoditè qu' Titisse qu'il o arportè in
plache d'eune tarte... Jé m' ramintus ... Ah ben ! ch' cop-chi,
450 j'y sus ! . . .

 Lilique — Et quoè qu' ch'est, qu' té t' ramintus ?

 Fifine. — Bè, ch'est un ju un molé dins l' même sins, qu'il o
arrivè à eune jonne barnette ed méquenne : ch'est pas tout à
fait l' même parel, mais ch'est tut d' même queute cose d'ap-
455 prochant. Acoutez : Cha o arrivè din eune masonne ed riches ;
il avoètt té prins eune nouvelle méquenne, qu'a' n'avoèt jamais
sorti d' sin villache, et pis qu'a' n'avoèt jamais étè qu' par
darrière el cul d' chès vaques. Au bout d'eune pa'd'jours qu'alle étoèt lo, es' dame a' li dit comme cho : « Pélagie, os prépa-
460 r'rez del salade pour el souper ; j' m'en vais vous montrer
comment qu'on l' l'épluche. »

V'lo chelle madame et pis chelle méquenne qu'is s'assitt'té
tous les deux, et pis qu'is s' mettent à épluquer del salade
d'indife, in avant soin d'artiier chés buques et pis chés lému-
465 chons, pace, os savez, dins chelle salade, faut gramint m.ius
qu'on l'zé laiche poent.

BÉBETH. — Cho ouais, pour seur ! Mi, jé n' n'ai min cœur qui
ouaque, arien qu'à n' n'intinde parler.

FIFINE. — Quand qu'alle o été bien lavée et pis cor bien escouée,
470 chelle salate, on l' l'o portée sus l' tafe ; mais, pour mal faire,
gn aveut pas d' cuyère et ni d' fourchette pour el touiller ; cha
fait qu'ech monsieur i dit comme cho à chelle méquenne : « Pélagie, apportez un peu l' couvert de bois pour la salade. »

Chelle-chile à n' compardoèt poent, pace a' n'avoèt jamais vu
475 d' fourchette in bos, a' n' pouyeut poent savoir quoé. Alle o don
resté lo aveuque es' bouque ouverte.

« Voyons, Pélagie, pourquoi n' m'apportez-vous pas c' que
j' vous d'mande ? qui li ardit sin maîte. Os restez là émobile,
os n' m'avez donc pas compris ?

480 — Si fait, monsieur, qu'a' li répond. Mais cho, ch'est des jus !
Dijez-mé-l' lé cor eune foés, monsieur, s'i vous plaît.

— J' vous ai d'mandé l' couvert de bois, Pélagie. Os comprenez bien ?

— Aoui, aoui, monsieur, j' comprinds fin bien. Ej' m'in vos
485 vous l' querre vite et tôt. »

Et pis, mes gins, v'lo Pélagie qu'a' s'in vo tout d'eune dins
l' cour, in dijant comme cho à s'n à-part par in d' dins d'elle-
même :

« Ech couvert ed bos !... Ech couvert ed bos !... Quoè qu'
490 ch'est n' n' est qu'i peut bien faire aveuque ech couvert ed
bos ?... Bien asseuré qu' ch'est poent poy l' mette sus l' tafe !
Mon Diu ! Mon Diu ! Sainte Vierche du bon divin ! j'os'rai mic
jamais dé m' vie vivante li porter cho !... Portant, i m'el l'o dit
deux foés à l'afilée, monsieur..., i m'o bien dit : ch' couvert ed
495 bos !... Allons, véyons, tant pire ! Gn'o poent d'avanche, faut
faire cho qu'il o dit, piss' eq' ch'est li qui qu'mante ! »

Cho dijant, énon, Pélagie v'lo qu'alle rinte dins chelle commodité. Et pis, eune minute après, alle arrive dins l' plache à
minger aveuque ech *couvert* sur eune assiette !... Et pis cor
500 a' l' met tout au mitan d' chelle tafe, in dijant comme cho :

« T'nez, l' v'lo, monsieur, vou couvert ! »

(*Is ritt' té tartouttes à luz éboudiner*).

FIFINE. — Faut pas d'mander, énon, queu les yus qu'on li o
fait, à chelle méquenne !

505 LILIQUE. — Cho ouais ! Probape qu'a' n' saveut poent cho qu'

cha voloèt dire un *couvert*, amon d' chés riches.

Fifine. — Cho nan ! Ch'est des coses eq' cha n' s'apprind poent dins chés bouzots, cho.

Bébeth. — Pou' n' n'arvénir à ch' sapré Titisse, énon, on gn'o cor fait pus d'eune, dé farce, os savez ! Et pis qua' même ch'est toudis comme cho : ch'est conscienche dé Diu poent dé s' faute, portant, si qu'il est pus d'à mitan innochint.

Fifine. — Cho nan ! ch'est pas li pour seur qu'il o invintionné ch'z étoiles à queue ! Mais, té sais, n'in faut-i pas d' tous les sortes pour faire un monte ?

Lilique. — Cho, on l' sait fin bien. Bé, ch'est comme es' sœur, qu'alle sert amon d' des gins d' Bétheune. Cha n'impêche mie qu' chelle fille qu'alle fait tout cho qu'alle peut ; mais chés gins-lo, ch'est des gins d' arien : is l' chol'nt, is l' boscul'nt à t'nure d'un sins u bien d'un aute ; is li faitt'té passer morte et passion.

Fifine. — Ch'est-i pour l'amour dé Diu possipe qu'i gn'euche des gins comme cho ?... Mi, j' dis pour mes raisons qu'on n' peut toudis poent tirer d' fraine d'un sac à carbon. Qu'is princh'té patienche, à tous les moins.

Lilique. — Cho, pour seur ! Mais, té sais, del patienche, i n'in pousse poent dins tous chés gardins. Ch'est toudis...

Bébeth, *qu'alle crie d' tout sin pus fort.* — Marie-Jenne !... Eh ! Marie-Jenne !...

(Chelle-chile alle acqueurt).

Marie-Jenne. — Quoé qu'i gn'o ?

Bébeth. — Allez cor nous querre eune coupe ed lifes ed zièpe, os n' n'ons pas assez.

Fifine. — Et pis qua' même, edmain n'in fauro cor.

(Marie-Jenne alle sorte).

Lilique. — Ch'est toudis. pour arvénir à l' sœur Titisse, ch'est toudis qu'eune foés, ech grand-père d'où qu' ch'est qu'alle servoèt, v'lo qu'i li arrife ed dîner au déhors, et pis qu'i n' n'avoèt prins eune telle colure, qu'i n' ténoèt pus à gampes. V'lo qu'in rintrant à s' mason, queuqu'un i li dit pire eq' rache edsur elle : ch'est eune chi, ch'est eune lo ; alle o fait chi, alle o fait cho ! Adont, v'lo m'n homme qui s' met din eune colère bleusse : i queurt aprés chelle fille din l' cuisine comme i peut, tout in balonchant, et pis cor, énon, in volant li lancher un cop d' pied d' tout sin pus fort, el v'lo qu'i quet sin cul sus l' couvert d'ech poêle qu'il étoèt fin rouche !... Faut pas d'mander queu les beul'mints qu'i faijoèt ! On l' l'o tut d' même tiré arrière ed lo, mais ch' vius drille-lo i n' n'o toudis eu pour un bon moés à s'arfaire, qu'on li graissoèt jour et nuit sin pandour aveuque del graisse d'apothicaire, eq' cha li faijoèt crier

550 miséricorte.

BÉBETH. — Cho, ch'étoèt rud'mint bien fait! Quoè qu' ch'est n'n'est! i n' pouyeut poent laicher chelle fille tranquille ? Mi, pus souvint qu' j'éroès restè lo-d'dins !

LILIQUE. — A' gn'o mie pus restè non pus, l' sœur Titisse, alle 555 est arplachée auter part. Pour arvénir à ch'vius grand-père aveuque sin cul azi, i' s'en' n'o tut d' même arguéri, mais seul'-mint i s'o bien promis d' pus courir comme cho aprés chés mé-quennes.

BÉBETH. — Cha li apprindro.

560 LILIQUE. — Cho ouais. Aussi, asteure, énon, quand qu'i beule un molé trop fort, on n'o qu'à li amoutrer ch' couvert ed poêle, il est tout d' suite rapajé, i d'vient pus douche qu'un p'tit mou-ton. Ch'est min garchon qu'i m'o eune foés raconté tout cho.

FIFINE. — Elqueu ? Echti qu'il est soldat ?

565 LILIQUE. — Aoui, à Bétheune.

BÉBETH. — Et tin pus jonne garchon, Lilique ?

LILIQUE. — Bè, té sais, il o volu à toute resse es' marier. J'ai sacordié poent pouyu l' détourner : il éroèt tè in étot d' faire un cop d' malheur.

570 FIFINE. — J'el sais bien, mais cha n'impêche, ch'est cor un garchonnal ; il éroèt bien pouyu attinde d'avoir fait sin temps militaire, edvant d'es' loïer pour tout s' vie.

BÉBETH. — Bè, Fifine, ch'est comme cho asteure. Chés jonnes is n in saitt'té gramint d' pluss' eq' chés vius. Té verros, m' 575 fille, si qu' cha continue d'ech train-lo, ech'z éfants, fauro l'zé marier aveuque leu chuchette à leu bouque et pis cor leus dra-piaux à leu cul. Cho cha n' f'ro poent un ploè.

(*Marie-Jenne alle rapporte chelle zièpe*).

FIFINE. — Bez. vous autes, asteure ej' m'in vos vous dire eune 580 cose.

LILIQUE. — Et quoè ?

FIFINE. — Eh ben, il est bétôt vêpe : laichons lo toute et pis cor arnallons-nous in !

BÉBETH. — T'os raison, Fifine, ch'est cho qu'os ons d' pus mius 585 à faire. Os fénirons d'main. Et pis qua' même, on n' f'roèt pus l'invincipe : din eune tite mi-heurette i s'ro huit heures.

(*Chés troés buresses is ditt'nt arvoir à chelle méquenne et pis cor is s'arvont*).

F I N

TRANSCRIPTION PHONÉTIQUE

ET

TRADUCTION LITTÉRALE

A l' Buèe

(ă l bwèy)

————

εă s păs ă l ărmōtèy ămō d dě jè d ĕl vil, k õn i fě l bwèy. ŋ ŏ trwĕ
bŭrĕs ă ε kŭvyĕ : fifin, lilik ĕ pĭ bĕbèt, k i kălŏd' tĕ dŭr ĕ fęrm ēn
ĕbrŭă dĕ kmie ĕ pĭ kŏr dĕ lēεă. mări-jĕn, εĕl 5 mĕkĕn, ă lŭ păl ă εăk
fwĕ k ăl vyè dĕ εĕl bŭry.

— L. kŏm εǫ, nŭz ărvlŏ tŭdi kŏr ăn fwĕ tŭ lĕ trwĕ ēsăn, ę̆, bĕbĕt?
— B. εă n srŏ mĭ l dărŋèr, ĕnō, sŭpǫ̆z! 10. — F. fŏ byē il ĕspĕrĕ. ĕε
bŭlăε il ăvăε t i̧? răviz æ mŏlĕ. — B. ăwę, εĕl yǫ̆ ăl kmēε ă frĭεōnĕ.
mĕ, mō dýŭ! εĕ lēεă lǫ̆, kŏm i sō mŭrgălèy! — F. æ bō kǫ̆w k i sō
mŭrgălèy! 15 — L. bę, ĭεĭ ddē ε ĕ tŭdi kŏm εǫ. i n sōŋ lĕ pwă grămē

———

A ʟᴀ Lᴇssɪᴠᴇ. — Ça se passe *à* l'après-midi chez des gens de la
ville, *qu'on* y (où l'on) fait la lessive. Il y a trois lavandières *à ce* (au)
cuvier : Fifine, Lilique et puis Bébeth, *qu'elles* (qui) bavardent dur et
ferme en *ébrouant* des chemises et puis encore des draps de lit. Marie-
Jeanne, *cette* (la) 5 servante, *elle* leur parle *à* chaque fois qu'elle vient
dans *cette* (la) buanderie.

— L. Comme ça, nous *revoilà* toujours encore une fois toutes les
trois ensemble, hein, Bébeth? — B. Ça ne sera *mie* la dernière, n'est-
ce pas, (je) suppose! 10 — F. (Il) faut bien l'espérer. *Ce* (le) *boulage*
(eau de lessive) *il* avance-t-il? Regarde un peu. — B. Oui, *cette*
(l')eau commence à frémir. Mais, mon Dieu! ces draps de lit-là
comme ils sont *murgalés*! — F. Un bon coup qu'ils sont *murgalés*! 15
— L. *Bë*, ici dedans c'est toujours comme ça. Ils ne soignent pas

2

*lǎ lĕj, ō l vwĕ byå̊. — B. kǽ bůtị̆k! ǎ t ō jǎmĕ vǔ d lǎ vị̆ dĕ kmị̆ɛ ǎvǎk
dĕ tǎsyŏ kŏm ɛĕl ɛị̆l? — F. ɛŏ nǎ̊! bĕ, bḙ, n ḛ̄ vlŏ kŏr ĭɛ̆ dǎ̈w, ɛ ĕ tǔ
20 pǔr pyḙ̆ɛ ĕ mŏrsyŏ̈w! ŏ n vŏrŏ̃m mị̆ sǽlmḛ̄ lzĕ mĕt! — B. m ḛ̄ pǎl
pặ! n ḛ̄ vlŏ̊, dĕ jḛ̄! ĕ pị̆ ǎvǎk ɛŏ̊ ɛǎ s dŏ̃n dĕz ḙr!... ɛǎ n dĭ mǐ sǽlmḛ̄
bōjǔr ǎ ɛĕ jḙ̄ kǎ̃ k ō lzĕ rḛ̄kŏt! 25 — L. ǎ ɛŏ̊! bĕbḙt, t ŏ jǎmĕ sǐ byå̊
pǎrlĕ dĕ t vị̆. ɛ ĕ lǎ pǔr vĕrĭtḙ̆y. ḙ̆ ǎrǎp!... ɛǎ nǔ dōnrŏ̧ ǽ mŏlĕ d klĕrĭs
ĕd sǔp ǎ mĕjḙ̆, bḙ! dĕl pĭɛǎt ĕd glḙ̆n! ĕ pị̆ kŏr ǽ mŏrsyŏ d mĕkǎ̃ bǔlĭ
tǔ sḙ̆, ǎvǎk dĕl byḙ̆r k ǎl sḛ̄ tǔdĭ l tōŋŏ̊w, tǔ lĕ ſwĕ k ŏ fĕjō l bǔ̈ḙy! 30
mị̆, j ĕ byå̊ dḛ̄ mn ĭdĕ d pǔ ĭ vnị̆r. kwĕ k ɛ ĕ k t ḛ̄ dị̄, bĕbĕt? — B.
bĕy, mị̆, sĭ k j ĭ vyḛ̄ kŏr, ɛ ĕt ŏ rĕspĕ d mōsyǽ̊ : ɛ ĕt ǽ sǐ bōn ǫ̃m, ĕnō?
ɛ ĕ pǎ kŏ̃m ĕs sǎprĕ rǎtǎtǔl ĕd fḙ̆m. lị̆, ǎ tǔ lĕ mwḙ̄, ĭ nǔ 35 dŏ̃n kŏr
ǎ̊n tĭt gǔt ĕd jĕnḙ̆f kǎ̃ k ǎl ŏ sḛ̄ kǔ tǔrnḙ̆y, ǎprĕ nǔ kǎfĕ. — F. fŏ ɛŏ̊
ŏsị̆ pǔr lĕ byå̊. ɛǎ rǎpwĕ tǔdĭ ǽ mŏlḙ̆ sḛ̄ pŏvĕr kḙ̆r, ĕnō? — L. ǎ ɛŏ̊!
fĭfịn, ɛǎ srwĕ rǔdmḛ̄ byå̊ l ǎfĕr 40 dĕ mn ǫ̃m, ǽ bō vĕr ĕd jĕnḙ̆f. —
M.-J., k ǎl vyḛ̄ d ḛ̄trĕ. vǔ ǫ̃m ĭ n n ŏ kŏr tǔdĭ kḙ̆r, lĭlĭk, dǔ gĕnḙ̆f? —*

---

beaucoup leur linge, on le voit bien. — B. Quelle boutique! A-t-on
jamais vu de la vie des chemises avec des pièces comme celle-ci? —
F. Ça non! *Bè, bè*, en voilà encore ici deux, c'est tout 20 pur pièces
et morceaux! Nous ne voudrions *mie* seulement les mettre! — B.
(Ne) m'en parle pas! En voilà, des gens! Et puis, avec ça, ça se
donne des airs!... Ça ne dit *mie* seulement bonjour *à ces gens*
(au monde) quand on les rencontre! 25 — L. Ah ça! (certainement)
Bébeth, *t'as* (tu n'as) jamais si bien parlé de ta vie. C'est la pure
vérité. Et avares!... Ça nous donnera un peu de *clairisse* de soupe à
manger, *bè*! de l'urine de poule! et puis encore un morceau de
mauvais bouilli tout sec, avec de la bière qu'elle sent toujours le tonneau, toutes les fois que nous faisons la lessive! 30. Moi, j'ai bien dans
mon idée de plus y venir. Quoi que c'est que tu en dis, Bébeth? —
B. *Bè*, moi, si *que* j'y viens encore, c'est au respect de monsieur: c'est
un si bon homme, n'est-ce pas? C'est pas comme sa *saprée ratatoule*
de femme. Lui, à tout le moins, il nous 35 donne encore une petite
goutte de genièvre quand *qu'*elle a son cul tourné, après notre café. —
F. (Il) faut ça aussi, pour les biens. Ça rappuie toujours un peu son
pauvre cœur, n'est-ce pas? — L. Ah ça! Fifine, ça serait joliment
bien l'affaire 40 de mon mari, un bon verre de genièvre. — M.-J.,
qu'elle vient d'entrer. Votre mari *il en a encore toujours cher* (aime tou-

L. sį k ĭ n n ŏ kŏr kęr !... ŏ fějě dě kǫt !... fŏrwě pwǎ ŋ ē fěr păsę tŭ
lě jŭr ē s ělvǎ ! 45 — B. ědŭ k ε ę k ĭ trăvǎl, ǎ st ær ? — L. ĭ trăvǎl
ămô... εǫs, ǎ sē mĭεě. tě sę... k ĭl ŏ kŏr æn sær ǎ mǎryě... — B. ǎwę,
ɉ sě kĭ k ε ę. bęy ! sĭ k εěl lăl k ǎ s mǎrĭ..., jě n sě pwǎ, mě... 50 —
F. ǎ s mǎrĭ tŭdĭ pwǎ vįl, ěnǫ ? mǎrĭ-jěn, fějě æ mŏlě ǎlě εěl kŏdyęr ;
εěl yǒ ǎ n bŭ pŭ, ĭ m sǎn ǎ vĭr ? — M.-J. sĭ fę, ǎl bŭ kǫr (ǎ s ē vǫ).
— L. dĭ dô, fĭfĭn, mǎrĭ-jěn ε ět ĭ pǎ æn ŋěε 55 ǎ bătįs..., tě sę, lŏ tŭt
ē ŏ d ěε fŭrbŭ d ęr ?... — F. ǎwę, ǎl ě d ěl vǎlęy. — B. ě bē εtĭ lǫ, ō
pěě dĭr k ĭl ŏ dŭ gŭ. mį, ɉ vŏrwě tŭdĭ pǎ ļ ǎlě rěstę, dē ε fŭrbŭ d ěr ;
60 ɉ ěl l ě pǎ kěr ǎsě pŭr εǫ. — L. ǎ kǫᴢ ? — B. ǎ kǫᴢ ? ǎ kŏᴢ ěk ɉ ěl l
ě pǎ kęr. ě pĭ kǎ měm n ět ĭ k sǎkæ l syę, dě fŭrbŭ. bęy, vlŏ dæᴢ ǎ bětǫ
k mē fyŭ k ĭl ĭ ręs, dē ε fŭrbŭ 65 d ęr, ě bę ! ěɉ sŭ kŏr ǎ l l ǎlě vįr.
ĭ n ĭ rěstrŏ pŭ lōtǎ, ŏ věrě εǫ. — F. tě l sě mį. — B. sĭ fě, sĭ fę, jě l
sě. ěɉ sŭ byēn ǎsæręy k ǎ l prěmyěr mǎᴢõn ǎprǫp, ĭl ǎrvǎrŏ dē nŭ
fŭrbŭ. 70 — L. jŭ k ĭ vŏ tŭdĭ ǎ l kęrk, vŭ gǎrεô ? — B. εŏ wę, mě

---

jours), Lilique, du genièvre ? — L. Si *qu'il en a encore cher* !... Vous
faites des contes !... (Il ne) faudrait pas lui en faire passer tous les
jours en se levant ! 45 — B. Où que c'est qu'il travaille, maintenant ?
— L. Il travaille chez... Chose, à Saint-Michel. Tu sais... qu'il a
encore une sœur à marier... — B. Oui, je sais qui *que* c'est. *Bè* ! si
que celle-là *qu'elle* se marie..., je ne sais pas, mais... 50 — F. Elle
(ne) se marie toujours pas vite, n'est-ce pas ? Marie-Jeanne, faites un
peu aller la chaudière ; *cette* eau *elle* ne bout plus, il me semble *à voir* ?
— M.-J. Si fait, elle bout encore (Elle s'en va). — L. Dis donc,
Fifine, Marie-Jeanne, c'est-il pas une nièce 55 à Baptiste..., tu sais,
là tout en haut *de ce* (du) faubourg d'Aire ?... — F. Oui, elle est de
la vallée. — B. Eh bien, celui-là, on peut dire qu'il a du goût. Moi,
je (ne) voudrais toujours pas y aller rester, dans *ce* faubourg d'Aire ;
60 je (ne) l'ai pas cher (je ne l'aime pas) assez pour cela — L. *A*
cause (Pourquoi) ? — B. *A cause* ? *A cause* (parce) que je (ne) l'ai pas
cher. Et puis quand même, n'est-il que chacun le sien, de faubourg.
Bè, voilà deux ans bientôt que mon fils *qu'il* y reste, dans *ce* faubourg
65 d'Aire, eh bien ! je suis encore à l'aller voir. Il n'y restera plus
longtemps, vous verrez cela. — F. Tu (ne) le sais *mie*. — B. Si fait,
si fait, je le sais. Je suis bien assurée qu'à la première maison convenable, il reviendra dans notre faubourg. 70 — L. Est-ce qu'il va toujours à la *charge* (contrebande), votre garçon ? — B. Ça oui, mais

sœlmẽ ĭ kmɛ̄ɛ æ mŏlĕ ă s ẽ dĕgŭlĕ. — F. ă kŏ̧ʒ ? — B. ă kŏʒ ? ĕ bẽ, ă kŏ̧ʒ ĕd ɛĕl pœrḝn k ĭl 75 ŏ æ l smăn d ĕdvă ɛĕl ɛ̧ĭl, ĕm fèm ! — L. ĕkmẽ ɛŏ ? — B. ăwḝ, ĕn ĕtẵ ă ŏr̂klŏk ăvĕk sẽ kŏmărăt, ĭl ō ăpĕrɛŭ ŏ lwẽ ĕʒ ẽplŏyĕ d frăvẽ, ĕ pĭ̧ ĭl ō fĕ æ for dĕlŭ̧rn pŭr æ pwẽ t ĕt prẽ. ăkŭlĕ l tŭ̧r 80 k ĭl ō æ ă môɛŏ̧w ! ĭl ĕtwĕt lĕ dĕn æ kăbărḝ ẽ trẽ d lŭ răpŏyĕ æ mŏlḝ ; vlŏ tŭ d ĕn æ kŏ̧w k ĭl ĭ rẽt dĕ jĕdărm. ŭrĕ pŭr æ̧w k ĭ n ăvwĕt tĕ pŭ k æn tĭt kĕrkĕt ĕd sĕt üĭ lĭf ĕd tŭbăk dĕ̃ lŭ sŏ̧, k ĭl l ăvwĕt tĕ jĕɛtĕ dʒŭ ɛĕl tăf ă măɲĕr d ăryḝ. ĕl pŭ 85 ɛŏ̧ʒ, ĕnō, ɛ ĕ k ɛĕ jĕdărm ĭl ō vnŭ lŭ̃ʒ y ăsĭr, ă lŭ tăf ; ĕ pĭ̧ k ĭ n ō pwă sœlmẽ sĕ vĭr ĕĕ sŏ̧ ! dijĕ, dĭjĕ k ĭ n ō pwẽ æ l ĕvĕ d răvĭʒĕ ɛŏ k ĭ ɲ ăvwĕ ddḝ ! mẽ fyŭ̧ ĭl ŏ tŭdĭ æ lŏ æn rŭd vĕnḝt ! æ jŭ kŏm ɛŏ, ɛ ĕt ăsḝ pŭ l dĕgŭlĕ d ĕl kôtĕr-bĕd¹ ! 90 — F. ɛŏ wḝ, bĕbĕt, ĕj vŭ krwĕ. jĕ n n ĕ mĭ mĕm ĕl pyŏ d glḝn, ăryĕ k ă vŭ̃ʒ ĕtĕd¹. mḝ, dĕ̃ ɛ fŭrbŭ d ĕr, ă kăĕl ĕdrwĕ k ɛ ḝ k ĭ rĕs ? — B. bĕ, ĭ rĕs lŏ kăʒĭmĕ ă kŏtĕ d mô ɛŏ̧ʒ..., tĕ sḝ, k ĕs fĕm k ăl bwḝ. ḝ !... bḝ !... dĕ lŏ̧k !... 95 sẽ nō ĭ m' păs pă m bŭ̧k, jĕ l dĭrwḝ ɛĕkăt fwĕ pŭr æn ! — L. bă̧ ! vŏ, n ẽpḝɛ. — B. ăwḝ, ɛtĭ lŏ, ĕ părlă d lĭ̧, ĭl ĕ tŭdĭ byẽ

---

seulement il commence un peu à s'en dégoûter. — F. *A cause* ? — B. *A cause* ? Eh bien, à cause de *cette* frayeur qu'il 75 a eue la semaine d'avant celle-ci, *ma femme* ! — L. Comment cela ? — B. Oui, en étant à Hautecloque avec son camarade, ils ont aperçu *ces* employés de Frévent, et puis ils ont fait un *fort* (grand) détour pour (ne) pas être pris. Écoutez le tour 80 qu'ils ont eu à Moncheaux ! Ils étaient dans un cabaret en train de se restaurer un peu ; voilà tout d'un coup qu'il y entre deux gendarmes. Heureusement pour eux qu'ils n'avaient plus qu'une petite *chargette* de 7 (à) 8 livres de tabac dans leur sac, qu'ils (l')avaient jeté sous *cette* table à manière de rien. Le plus 85 *chose*, n'est-ce pas ? c'est que *ces* gendarmes *ils* ont venu *leur* y asseoir, à leur table, et puis qu'ils n'ont pas seulement *su* voir *ce* sac ! Dites, dites qu'ils n'ont pas eu l'*invention* de regarder ce qu'il y avait dedans ! Mon fils *il* a toujours eu là une fameuse vénette ! Une chose comme ça, c'est assez pour le dégoûter de la contrebande ! 90 — F. Ça oui, Bébeth, je vous crois. J'en ai moi-même la chair de poule, rien qu'à vous entendre. Mais, dans *ce* faubourg d'Aire, à quel endroit que c'est qu'il reste ? — B. *Bè*, il reste là quasi à côté de chez Chose..., tu sais, que sa femme *qu'elle* boit. Eh ! *bè* !... des *loques* !... 95 son nom me passe par *ma* bouche, je le dirais cinquante fois pour une ! — L. Bah ! va, (ça) n'empêche. — B. Oui, celui-là, en parlant de lui, il

plăkĕ, ăvăĕk ĕs fĕm. 100 — F. ăwĕ, ĭ n n ŏ æ̆, dŭ mărydæ! ō pæ̆ dĭr,
ĕeĭ lŏ, k ĭl ŏ mĭ sē nĕ tŭt ē plâ dē æ̆el bărnĕy. — B. ĭl ĕtæ̆ dĕfisĭl, ĕn
ĕtâ ă măryĕ? — F. æ̆ rŭdᵗ kŏw, k ĭl ĕtæ̆ dĕfisĭl!... ŋ ăvæ̆ mĭ æ̆n ŏrăkæ̆
părĕl dē æ̆ĕ kăt fŭrbŭ. ĭ fĕjwĕ l fărŏ, 105 sĭ k tĕ sĕrwĕy!... s ŏ t ĭ pă
fĭeŭ dē l tŭpĕ d kŭrtĭzĕ æ̆ĕ fĭl d ĕl vĭl! ĭ l răvĭzæ̆t tĕ mĭ, sælmē. pŭr
dĕfĕnĭr, æ̆ĕ lăl ĕd æ̆ĕ fŭrbŭ ĭ n vŏlwĕt mĭ pŭ d lĭ! — L. eŏ, ε ĕ pă ĕtōnâ
æ̆n bŭk. — F. ĭ vŏlwĕ byâ æ̆n fwĕ ălĕ ăvæ̆k mĭ! ĕj t ĕl l ĕ 110 æ̆
vĭt ĕpŭrĕy, vŏ! ĭ ŋ ŏ pŭ vnŭ prĕ. — B. t ŏ rŭdmē byē fĕ, fĭfĭn. kwĕ k
ε ĕ n n· ĕ! vlă t ĭ pă æ̆ byŏ gĕy! — L. bĕ, mĭ, vŏ, jĕ n n ĕrwĕ byâ
fĕ ŏlâ k tĭ. — F. pŭr dĕfĕnĭr, ĭ s păs kŏr ĕd sŭp lĕ trwĕ 115 kăr ĕ
dmĭ dŭ tâ, dŏ! ε ĕ byâ fĕ pŭr lĭ : εă l ăprēdrŏ ă dĕmĕprizĕ æ̆ĕ jĕ.
— B. æ̆ĕz ŏm ĭ sō tărtŭs æ̆ mŏlĕ kŏm eŏ, ă s t æ̆r. (ă mărĭ-jĕn, k ăl
rēt) : ŋ ŏ t ĭ kŏr æ̆ mŏlĕ d kărbōnăt, mărĭ-jĕn? 120 — M.-J. nŏ,
ŏz ĕ tŭt ŭzĕ tălæ̆r. — B. dĭjĕ ălŏrs ă vŭ dâm k ĭ nŭ n n ărfŏw. —
M.-J. ă ŋ ĕ mĭ; ăl vyĕ d sŏrtĭr. — F. ĕdŭ k ε ĕ k ăl ĕt ĕvwĕy? —
M.-J. ă m ŏ dĭ kŏm eŏ k ă s ĕn ălwĕ ă 125 træ̆vŏw. — L. sĭ ε ĕ eŏ,

---

est toujours bien loti, avec sa femme. 100 — F. Oui, il en a eu, du
mariage! On peut dire, celui-là, qu'il a mis son nez tout en plein dans
cette brenée. — B. Il était difficile, en étant à marier? — F. Un fameux
coup, qu'il était difficile!... (Il) n'y avait *mie* un *oraqueux* pareil dans
ces quatre faubourgs. Il faisait le faraud, 105 si (que) tu *saurais*
(savais)!... (Ne) s'*a*-t-il pas mis dans le toupet de courtiser *ces* filles
de la ville! Elles (ne) le regardaient *mie*, seulement, Pour finir,
celles-là de *ces* faubourgs *elles* ne voulaient *mie* plus de lui! — L. Ça,
c'est pas étonnant du tout. — F. Il voulait bien une fois *aller avec
moi!* Je te l'ai 110 eu vite *épousseté*, va! Il n'y est plus venu près. —
B. Tu as joliment bien fait, Fifine. Qu'est-ce que c'*en* est! (Ne) voilà-t-il pas un beau *geai*! — L. *Bè*, moi, va, j'en aurais bien fait autant
que toi. — F. Pour finir, il se passe encore de soupe les trois 115
quarts et demi du temps, *da!* C'est bien fait pour lui : ça lui
apprendra à mépriser *ces* gens. — B. *Ces* hommes *ils* sont tous un
peu comme ça, maintenant. (A Marie-Jeanne, qui entre): Y a-t-il encore
un peu de carbonate (cristaux de soude), Marie-Jeanne? 120 —
M.-J. Non, vous avez tout usé tout à l'heure. — B. Dites alors à votre
dame qu'il nous en *refaut.* — M.-J. Elle n'y est *mie*; elle vient de
sortir. — F. Où que c'est qu'elle est partie? — M.-J. Elle m'a dit
comme ça qu'elle s'en allait à 125 Troisvaux. — L. Si c'est ça, elle

*ăl srŏ kŏr ăn rĕʒĕt ă rĕtrĕ. fĕjĕ nŭ æ mŏlĕ d kăfĕ, mărĭ-jĕn. — M.-J.
ĕj vĕ byă. — B. mĕtō săkæ sŭ, pŭr ăvwăr ăn pŏtĕ d brĕ d vĕ, 130 ŏ
frō æ ptĭ pŏ. kwĕ k ɛ ĕ n n ĕ k ŏ n ĕ dĭjĕ? — F. ɛŏ ɛ ĕt ăn rĭɛ ĭdĕy.
fŏ grămĕ myŭ bwăr ăn tĭt bĭstŭl kŏm ɛŏ, ĕnō? k ĕd fĕr kŏm ɛĕz ŏm : ĭ
sō tŭ jŭs bŏ ă pĭɛĕ nŭ sŭ kŏt 135 ɛĕ mŭr, ĕ pĭ kŏr ă nŭ kăɛĕ mărgăɛ
ăprĕ pŭr lŭ fĕr ă sŭpĕ. — B. ă! ɛŏ ɛ ĕ byă vrĕy. tnĕ, mărĭ-jĕn, ălĕ nŭ
kĕr dŭ brĕ d vĕ (ɛĕl ɛĭl ăl sŏrt). — L. ăvăk tŭ ɛŏ, jĕjĕf ĭl ĕ tŭdĭ dĕfăktĕ
ă 140 l ŏpĭtăl, ĕnō? — F. hĕ! ɛ pŏv jĕjĕf! m ĕ păl pă!... bĕy! ɛ ĕ k
ɛ ĕtwĕ sĕ tŭr. ɛă n n ĕ tŭdĭ æ k ĭl ŏ fĕ rĭr ɛĕ jĕ tŭ lŭ kōlĕ, ɛĭ lŏ! —
L. ă! ɛŏ, lĭ ĕ pĭ ɛ drăgŏ, kōsyĕɛ dĕ 145 dyŭ, ăwĭ! ō pĕ l dĭr! — B.
ɛ ĕ kŏm dĕfæ dŏdŏr ĕɛ kărŏ?... t ĕl l ŏ kōnŭ, tĭ, fĭfĭn, dŏdŏr ĕɛ kărō?
— F. dŏdŏr ĕɛ kărō? ɛŏ wĕ. ŋ ăvă mĭ d ŏm pŭ gĕ k lĭ ŏ mŏt : ĭl ĕtwĕ
mŏr ĕn ĕtŏ d fĕr 150 rĭr ɛĕ mō d kăyŏw! — B. vŏ, j ĕ sĕ kăɛt kŏʒ. ĕ pĭ
ĭ kătwĕ ă tnŭr! ĕ dĕ kăɛōn! ă mŭrĭr ĕd rĭr, mĕ jĕ, ă mŭrĭr ĕd rĭr!
mĕm k ăn fwĕ ĭ mĕ n n ŏ fĕ pĭɛĕ dĕ m kmĭɛ, ĕd rĭr!... mĕ d rĭr..., ɛ
ĕ pă tŭt d ĕl dĭr, ă tĕnĭr ĕm 155 păɛ ă dă mĕ! ĭ săvwĕ ăn kăɛŏn..., ŋ ŏ*

---

sera encore un petit espace de temps à rentrer. Faites-nous un peu de café, Marie-Jeanne. — M.-J. Je veux bien. — B. Mettons chacune un sou, pour avoir une *potée* d'eau-de-vie, 130 nous ferons un *petit pot*. Qu'est-ce que c'est que vous en dites? — F. Ça, c'est une riche idée. (Il) faut beaucoup mieux boire une petite *bistoule* comme ça, n'est-ce pas? que de faire comme *ces* hommes : ils sont tout juste bons à pisser nos sous contre 135 *ces* murs, et puis encore à nous chercher querelle après pour leur faire à souper. — B. Ah! ça c'est bien vrai. Tenez, Marie-Jeanne, allez nous chercher de l'eau-de-vie (Celle-ci *elle* sort). — L. Avec tout cela, Jéjeph *il* est toujours mort à 140 l'hôpital, n'est-ce-pas? — F. Hai! ce pauvre Jéjeph! (ne) m'en parle pas!... *Bè*! c'est que c'était son tour. C'en est toujours un *qu'il* a fait rire *ces gens* tout leur content, celui-là! — L. Ah! ça, lui et puis *ce* Dragon, conscience de 145 Dieu oui! on peut le dire! — B. C'est comme feu Dodore *ce* charron..., tu l'as connu, toi, Fifine, Dodore *ce* charron? — F. Dodore *ce* charron? ça oui. (Il) n'y avait *mie* d'homme plus gai que lui au monde : il était en état de faire 150 rire *ces* tas de cailloux! — B. Va, j'en sais quelque chose. Et puis il chantait sans cesse! Et des chansons! A mourir de rire, mes gens, à mourir de rire! Même qu'une fois il m'en a fait pisser dans ma chemise, de rire!... mais de rire..., c'est pas tout de le dire, à tenir mon 155 ventre à

pŭ părsõn kĭ l sĕ, j ĕ sŭ byằn ăsœ̆rĕy, ɛĕl kăɛô lŏ. ĕmn õk lŭ̆wĭ ĭ l săvwĕ
õsĭ... ŏ l l ĕ kônŭ, mn õk lŭ̆wĭ? — L. tĕ fĕ dĕ kŏt!... ŏ n n õ mĭ kônŭ
d ŏt! 160 — B. bĕ, tŭt õtă k ĕj pœ̆ m ĕ răpĕlĕ, ăl kmĕɛwĕ kõm ɛŏ, s
kăɛõn : fĕjõ băbăɛ lŏ sŭ ɛ răpặr, ɛă nŭ dõnrŏ dŭ plĕzĭ... ɛ ĕ pĕtĕt pă
tŭt ă fĕ kõm ɛŏ, mĕ ɛ ĕ tŭdĭ 165 kœ̆t kŏ̃z d ăprŏɛ̃ặ. ĕɛl ĕr jĕ l sĕ pŭ.
ɛ ĕtwĕ tŭdĭ fĕ rĕzĭp. ɛĕl fwĕ lŏ, jĕ n n ĕ ă kăzĭmĕ dŭ mŏ; ɛ ĕ pă bõ,
dŏ, d rĭr kõm ɛŏ. — F. ă kĭ k tĕ l dĭ, m pŏv bĕbĕt! ɛă m ŏ ărĭvĕ ặn
fwĕ ămõ d ĕɛ sĕlĕră d jĕjĕf : ɛĕ săprĕ 170 kŏrdõnĕ lŏ ĭl ô tŭdĭ ă kĕr ă
fĕr dĕ fặrs. — L. ɛŏ ɛ ĕ lă pŭr ĕ sĕt vĕrĭtĕy; ĭ n ĕ rĕspĭrt ĕ pwĕ ặn
bõn. ɛ ĕt ĭ k ĭ tĕ n n o fĕ ặn, dĕ fặrs? — F. nŏ, pă ă mĭ, ɛ ĕt ă ặn
păĭzặt æ̃ jŭr ĕd 175 mărkĕ. — B. ălõ, fĭfĭn, răkŏt nŭ æ̃ mŏlĕ ɛŏ.
— F. bĕ, j ĕtwĕ ă s măzõn ĕk jĕ l ăpŏrtwĕ lĕ brŏskĕ d mĕ fyŭ pŭr lĭ lz
ărdăɛĕ... — M.-J. k ăl rĕt ăvœ̆k ĕɛ mărăbŭ dĕ s mă. 180 tnĕ, vlŏ ɛ
kăfĕ, păsĕ mĕ săkæ̃ vŭ gŏp. — L, ă! ɛŏ ɛ ĕt ặn bĕl ăfĕr. ŏ n ĕ jămĕ
sĭ byă părlĕ, mărĭ-jĕn. (M.-J. ăl vĕrs ĕɛ kăfĕ; ăl mĕ ɛ ɛŭk ĕ pĭ ɛĕl
gŭt ĕddĕ; ĭ s ăsĭt tĕ tŭ lĕ kặt, ĕ pĭ kŏr ĭ 185 bwĕt tĕ dĕ pĕtĭt ĕ gŭlĕy

---

deux mains ! Il savait une chanson..., (il) n'y a plus personne qui la
sait, j'en suis bien assurée, cette chanson-là. Mon oncle Louis *il* la
savait aussi... Vous l'avez connu, mon oncle Louis ? — L. Tu fais des
contes !... nous n'en avons *mie* connu d'autre ! 160 — B. *Bè*, tout
autant que je puis m'en rappeler, elle commençait comme ça, sa chanson : Faisons *babache* là sur *ce* rempart, ça nous donnera du plaisir....
C'est peut-être pas tout à fait comme ça, mais c'est toujours 165
quelque chose d'approchant. *Cet* air, je ne le sais plus. C'était toujours *fin* risible. Cette fois-là, j'en ai eu quasi du mal ; c'est pas bon,
da, de rire comme ça. — F. A qui que tu le dis, ma pauvre Bébeth !
ça m'a arrivé une fois chez ce scélérat de Jéjeph : ces *saprés* 170 cor-
donniers-là *ils* ont toujours *eu cher* (aimé) à faire des farces. — L. Ça
c'est là pure et sainte vérité ; ils n'en respirent pas une bonne. C'est-
il qu'il t'en a fait une, de farce ? — F. Non, pas à moi, c'est à une
paysanne un jour de 175 marché. — B. Allons, Fifine, raconte-nous
un peu ça. — F. *Bez*, j'étais à sa maison que je lui apportais les bro-
dequins de mon fils pour lui les *redacher*... — M.-J., qu'elle entre avec
cette cafetière dans sa main. 180. Tenez, voilà *ce* café, passez-moi chacune votre tasse. — L. Ah ! ça c'est une belle affaire. Vous n'avez
jamais si bien parlé, Marie-Jeanne (M.-J. *elle* verse *ce* café ; elle met
ce sucre et puis *cette goutte* dedans ; elles s'asseyent toutes les quatre,

pŭr fĕr dŭrĕ ε plĕzĭ pŭ lôtą̃). — B. mărĭ-jĕñ, vŭ kăfḝ ĭl ĕ rŭdmē bǫ :
ŏ s y ĕtĕdḝ. — F. ōn ĕ tŭdĭ răpŏyĕ æ mŏlḝ, ăvæk æn tĭt 190 tăsĕt kŏ̃m
εǫ̈. — L. sæ̆lmĕ̃, ĕnō, ĭl ŏ æ mŏlĕ l gŭ d trŏ pǣ̧w. — B. εǒ wḝ : ō n
s ĕn n ărkrădĭ pwǎ̧, d εĕ bŏ̃n ĕ kŏ̧ž. — L. ḝ, fĭfĭn, dĕfĕnĭ æ mŏlĕ tn
ĭstwą̆r. 195 — F. ą̆ ! wḝ, j părlwĕ d jĕjḝf ĕ pĭ kŏr ĕd εĕl fą̆rs k ĭl ŏ
fĕ̆ æn fwĕ ă æn pă̆ĭzą̃t æ jŭr ĕd mărkḝ, ĕnō ? — B. ăwḝ, ε ĕ εǫ̈. —
F. ĕ bḝ, εĕl fwĕ lǫ̈, ĕnō, ŋ ŏ æn fĕm dŭ vĭlą̧ε 200 k ăl mĕ s tĕt ă l
fă̆rnḝt, ĕ pĭ kŏr ă lĭ dmą̃dᵗ sĭ k ĭ n ĕræ pwǎ̧ dzwą̃̆ d æ bō lăpą̃̆. lĭ̧ ĭ
dĭ k ăwĭ̧. ăl ḝt, ĕ pĭ ăl dĕflĭ̧k sē lăpą̆ d sē pă̆ŋĕ, ĕd sē rḝ, kŏ̃m ăl dĭjwḝy.
tĭtĭ̧n ă ŋ ĕtŭ̆æ pą̆. vlŏ mē săprĕ jĕjĕf kĭ mĕ ε lăpą̃ dĕ̄ l gă̆yŏl ĕd sē
mŭvyą̆r, k ĭ n n ăvwĕ pŭ 205 ă ε mŏ̃mē lǫ̈, ĕ pĭ kŏr ĭ l ră̆ŏk ă sē sōmyḝ.
εĕl fḝm ă l ră̆vĭzwĕ d æn drŏl dĕ̆ ž ą̆l, fŏ̆ pă dmą̃dḝ. lĭ̧, ĭ lĭ dĭ kŏ̃m
εǫ̈ : ă̆sĭyĕ vŭ æn mĕnŭ̧t, ĕm fĕm ăl vŏ rĕ̄trḝ, ă vŭ pă̆rǫ̈, k ĭ dĭ kŏ̃m εǫ̈.
æn mĭ ær ă s pą̆s ; ŏ dvĭžĕm tŭdĭ ĕn ă̆tĕ̄dĭ̧. tĭtĭ̧n ă 210 n ărvĕ̆næ pą̆.
εĕl pă̆ĭzą̃t ă n dŭrwĕ pŭ̧ ; ăl dĭjwĕ ă tnĭ̧r : ă n ărvyĕ̄ pwĕ ă̆bĭ̧l, vŭ
fḝm, ă n ărvyĕ̄ pwĕ ă̆bĭl ! jĕjĕf ĭ m ră̆vĭzwĕ tŭdĭ ĕ̄ fĕją̆ dĕ klōŋǫ̈ ; ĕj

---

et puis encore elles 185 boivent de petites *goulées* pour faire durer *ce*
plaisir plus longtemps). — B. Marie-Jeanne, votre café, *il* est joliment bon : vous *s'y* entendez. — F. On est toujours *rappuyée* un peu,
avec une petite 190 *tassette* comme ça. — L. Seulement, n'est-ce-pas,
il a un peu le goût de trop peu. — B. Ça oui : on ne s'en lasse pas,
de ces bonnes choses. — L. Eh ! Fifine, finis un peu ton histoire. 195
— F. Ah ! oui, je parlais de Jéjeph et puis encore de *cette* farce qu'il a
faite une fois à une paysanne un jour de marché, n'est-ce pas ? — B.
Oui, c'est ça. — F. Eh bien, cette fois-là, n'est-ce-pas, il y a une
femme du village 200 *qu'elle* met sa tête à la fenêtre, et puis encore
elle lui demande si *qu'il* n'aurait pas besoin d'un bon lapin. Lui, il
dit que oui. Elle entre et puis elle retire son lapin de son panier, de
son *ré*, comme elle disait. Titine *elle* n'y était pas. Voilà mon *sapré*
Jéjeph qui met ce lapin dans la cage de son merle, qu'il n'en avait
plus 205 à ce moment-là, et puis encore il la raccroche à son *sommier*.
Cette femme *elle* le regardait d'un drôle d'œil, faut pas demander. Lui,
il lui dit comme ça : Asseyez-vous une minute, ma femme *elle* va
rentrer, elle vous paiera, qu'il dit comme ça. Une demi-heure *elle* se
passe ; nous devisions toujours en attendant. Titine *elle* 210 ne reve-
nait pas. *Cette* paysanne *elle* ne *durait* plus ; elle disait sans cesse :
Elle ne revient pas vite, votre femme, elle ne revient pas vite ! Jéjeph

*ǐvĕyǎ byǎ k ǐ lǐ fĕjwĕ ǎn fǎrs. ĕj n ĕ pǔyǎ pǖ d m ǎrtĕnǐr ĕd rǐr, ĕk jĕ
n n ǎvwĕ dǔ mǫ. j ĕ fĕnǐ pǎr 215 m ǎrnǎlĕ. ǎprĕ, j ĕ sǎ k ɛĕl pǎǐzǎt
ǎl y ǎvwĕ rĕstĕ dǎɀ ǎr, ǎmō jĕjĕf; ǎl ĕtwĕ d ǎn rǎj, pǎrĕ!... lǐ, ǐl ǒ
fĕnǐ pǎr ĕl y ǎrdōnĕ, sĕ lǎpǎ, pǐsk ǐ dǐjwĕ k ǐ n ǎvwĕ pwǎ d ǎrjĕ pǔ
l pǎyĕ. sǎlmĕ ɛ mǎrkĕ ǐl ĕtwĕ fĕnǐ; ǎ ɛl ǎr lǫ, ǎl l ĕrǒ pwǎ vĕdǖ, prǒ-
bǎp, sĕ lǎpǎ. 220 — B. sǎprĕ jĕjĕf! ǐ n ĕ sǎvwĕ mǐ fĕr d ǫt. ɛ ĕ kōm
dǒdǒr ĕɛ kǎrǫ, ĕn n ǒ 1 ǐ fĕ, d ɛĕ fǎrs! ĕ ǎ ɛĕ bǎrdǎlĕy! ɛ ĕtwĕ tǔdǐ lǐ
kǐ lǔ mĕtwĕ ɛ drǎpyǒ ǎ kǔ nǖ, kǎ k ǐ ŋ ǎvwĕ dĕ jōn fǐl k ǐl y ǎlwĕt
tĕ sǎ t ĕt mǎrĕn. ɛǫ, ŋ ǎvǎ pwǎ ǎ tǒrtǐŋĕ, 225 fǒlwĕ sǎkǒrdyĕ k ǐl y
ĕrwĕt tĕ pǎsĕy! ɛǎ s fĕjwĕ kǫr, ĕnō, d nǔ tǎ? — L. ɛǒ wĕ! ō m ĕl l ǒ
byĕ fĕ ǎn fwĕ, ǎ mǐ. sǎlmĕ, vǫ, ō n m ǒ pǔ rǎtrǎpĕ ǎ ḷ ǎlĕ, ǎ ɛĕ bǎr-
dǎlĕ, dvǎ d ĕt mǎryĕy! 230 — F. ĕ ǎ ɛĕ pǒ kǎsĕ? — B. ǎwǐ, ǎ ɛĕ pǒ
kǎsĕy, ɛ ĕ lǫ, k ǒ n n ō kǒr ǎ ǒsǐ, dǔ plĕzǐ! — L. t ǒ mǎrdyĕ byǎ rĕzǫ,
bĕbĕt. ǎ! jǔr dĕ dǐyǔ, ǎwĕ! ǒ n n ǎvō t ǐ ǎ, dǔ plĕzǐ, ǎdō! 235 — B.
ɛǒ wĕ! bĕ, t ǒ kōnǔ grǎ pĕr C***, k ǐl ǒ rĕstĕ lōtǎ lǒ ǎ l mōtĕ d ĕl
ɛǐmĕtyĕr, ǎ kǒtĕ d nǔ mǎzǫ, mĕm k ǐ ŋ ǎvwĕ kǎzǐmĕ pwǎ d ǎyǔr*

---

il me regardait en faisant des clins d'œil; je voyais bien qu'il lui faisait une farce. Je n'en pouvais plus de me retenir de rire, que j'en
avais du mal. J'ai fini par 215 me *ren*-aller. Après, j'ai su que cette
paysanne *elle* y avait resté deux heures, chez Jéjeph ; elle était d'une
rage, paraît-(il) !... Lui, il a fini par le lui *redonner* (rendre), son
lapin, puisqu'il disait qu'il n'avait pas d'argent pour le payer. Seulement, *ce* marché *il* était fini ; à cette heure-là, elle ne l'aura pas ven-
du, probablement, son lapin. 220 — B. *Sapré* Jéjeph ! il n'en savait
mie faire d'autre. C'est comme Dodore *ce* charron, en a-t-il fait *de ces*
farces ! Et *à ces bardalées* ! C'était toujours lui qui leur mettait *ce dra-
peau* (langes) à cul nu, quand *qu'il* y avait des jeunes filles *qu'elles* y
allaient sans être marraines. Ça, il n'y avait pas à chercher des détours,
225 il fallait *sacordié* qu'elles y auraient passé ! Ça se faisait encore,
n'est-ce-pas, de notre temps? — L. Ça oui ! on me l'a bien fait une
fois, à moi. Seulement, va, on ne m'a plus rattrapée à y aller, *à ces
bardalées*, avant d'être mariée ! 230 — F. Et *à ces* Pots Cassés ? — B.
Oui, *à ces* Pots Cassés, c'est là, que nous en avons encore eu aussi, du
plaisir ! — L. Tu as *mardié* bien raison, Bébeth. Ah ! jour de Dieu,
oui ! Nous en avons-*t-il* eu, du plaisir, alors ! 235 — B. Ça oui ! *Bè*,
tu as connu grand-père C***, *qu'il* a resté longtemps là à la montée du
cimetière, à côté de notre maison, même qu'il n'y avait quasi point

ĕtărdă ɛ̆ dĕ gărdĕ̞. nŭʒ ǫ̆t, ŏ lĭ jĕɛĕtĕ̞m dĕ kăyŏ dɛ̄ s pŏrt ĕd rŭ, ĕ pĭ
ŏ rĕ̄trĕm bĕ vĭt 240 să k ĭ nŭ vwĕ̞ɛ. ĭ sŏrtwĕ̞ pŭr lĭ vĭr ĕɛlĭ k ɛ ĕtwĕ̞,
ĕ pĭ kŏr ĭ n' ĕtă̆ pwă̊ d sĭtŏ sŏrĭ̄ k ŏ ʮ ărjĕɛĕtĕ̞m dɛ̄ s pŏrt ĕd kŭr pă̊ ɛ
gărdĕ̞. ĭ jŭrwĕ dĕ nô dĕ dýŭ̞! ĕ pĭ kŏr dĕ mŭḻăr! fŏlwĕ̞ l l ĕtĕ̄d'! tĕ sĕ̞,
ɛ ĕtă̆ pwă̊ æ̃ sĕʒĭ̄, grẵ pĕr C***. 245 — L. ɛŏ nă̊, bĕbĕt, byĕ̄n ă̊să̆rĕ̞y!
— B. ĭ n ŏ mĭ jă̆mĕ să̞ k ɛ ĕtwĕ nŭʒ ǫ̆t. kŏr, sĕ̃ fyŭ ĭḻ ĕtwĕ̞, ă̊vă̆k
nŭʒ ǫ̆t. ĕ pĭ k ĭ n ŏʒwĕ mŏr pwă̊ d rĭr tŭ sĕ̃ sŏ̞, kĕ̆k fwĕ k sĕ pĕr k ĭl
l ĕrwĕ ĕtĕ̄dŭ̞! ĭ n ĕ̃ pĭɛwĕ d rĭr, ĕm fĕm, ĭ n ĕ̃ pĭɛwĕ̞ d rĭr! ĕ̞ 250 ɛ
tĭ rŭ, kĭ rĕ̆stwĕ ɛ̃ fă̞s tŭt ă̊ fĕ d nŭ mă̆zŏ̃!... tĕ sĕ̞?... — L. ă̊wĕ̞, j́
sĕ byă̊ kĭ k ɛ ĕ̞, tĕ fĕ dĕ kŏt!... — B. ă̊wĕ̞, ɛlĭ lŏ k ĕs fĕ̞m k ă̆l dĭjwĕ
tŭdĭ̞ : vĭv ĕ dyŭ̃! ă̆l l ŏ t ĭ dĭ dĕ fwĕ̞, vĭv ĕ dyŭ̃! ă̆n fwĕ̞, ĕnŏ̃, mĭ̞,
255 j ĕ môtĕ dɛ̄ mĕ̃ gă̆rnĕ̞, ĕ pĭ kŏr j ĕ rŭvĕr ă̊ mĭtẵ ɛ̆l tră̞p, ĕ pĭ jĕ ḻ
ĕ jĕɛĕtĕ̞ æ̃ grŏ kăyŏ dɛ̄ s pŏrt. jĕ m rĕ̄tĭk bĕ vĭt, mĭ. lĭ, l vlŏ kĭ sŏ̞rt ĕ pĭ
kĭ ră̆vĭʒ pă̊r tŭ pă̆rtŭ : ĭ n vwĕ pă̆rsŏ̃n. ĭ rĕ̞t. pŏ̊f! mĭ, jĕ ḻ ă̆rflă̆k æ̃
kăyŏ dɛ̄ s pŏ̞rt. ĭl ă̆rsŏ̞rt. ĭ n vwĕ pŏ kŏr 260 pă̆rsŏ̃n. ĭl ă̆rĕ̄t. pŭrdŭ̞f!
kŏr æ̃n ŏt kăyŏw. jĕ ʮ ĕ jĕɛĕtĕ̞ pŭ d dĭɛ kŏ̃m ɛŏ d ă̆fĭ̄lĕ̞y. j́ sŭ byă̆n ă̊să̆rĕ̞y,

---

de haie *entre deux ces* deux jardins. Nous autres, nous lui jetions des
cailloux dans sa porte de rue, et puis nous rentrions bien vite sans
240 qu'il nous voie. Il sortait pour *lui* voir celui que c'était, et puis
encore il n'était pas de sitôt sorti, que nous lui en *re*jetions dans sa
porte de cour par *ce* jardin. Il jurait des N. de D. et puis encore des
Milliards ! (il) fallait l'entendre ! Tu sais, c'était pas un saisi, grand-
père C*** 245 — L. Ça non, Bébeth, bien assurément ! — B. Il n'a
jamais su que c'était nous autres. Encore, son fils, *il* y était, avec
nous autres. Et puis qu'il n'osait *mor* pas *de* rire tout son soûl,
quelque fois que son père *qu'il* l'aurait entendu ! Il en pissait de rire,
ma femme, il en pissait de rire ! Et 250 *ce* Petit-Roux, qui restait en
face tout à fait de notre maison !... tu sais ?... — L. Oui, je sais
qui *que* c'est, tu fais des contes !... — B. Oui, celui-là *que sa* (dont
la) femme *qu'elle* disait toujours : Vivé Dieu ! *Elle* l'a-t-elle dit *des fois*
(souvent), Vivé Dieu ! Une fois, n'est-ce pas, moi, 255 *j'ai* monté
dans mon grenier, et puis encore j'ai *r'*ouvert à moitié *cette trappe*, et
puis je lui ai jeté un gros caillou dans sa porte. Je rentre précipitam-
ment bien vite, moi. Lui, le voilà qui sort et puis qui regarde par tout
partout : il ne voit personne. Il rentre. *Ponff* ! moi je lui *re*flanque un
caillou dans sa porte. Il *resort*. Il ne voit pas encore 260 personne.
Il *re*-rentre. *Pourdouff* ! encore un autre caillou. Je lui en ai jeté plus
de dix comme ça *d'affilée*. Je suis bien assurée, Lilique, que si *qu'il*

lĭlĭk, ĕk sĭ k ĭl ĕrwĕ sę̆ k ε ĕtwĕ mī̧, ĕnǫ̃, ĭ m ĕrwĕ ę̀ kōstĭnǫ̆t tŏrdü mn ămę̀r ! — L. εŏ̇ wĕ̇ ! t ĕrwĕ rŭdmĕ̃ pă̆sĕ lĕ pĭ̧k. 265 — F. bą̆ ! bą̆ ! sĭ k εă srwĕ ă st ę̀r ! õ vŭ mărwę̆, ĕnõ, ă l ŏstǫ̆. õ n sĕ̆ mĭ pŭ rĭ̧r kŏm ĕd nŭ tą̆. — B. (ă εĕ̇l mĕkĕ̃n) ŏ̧z ĕ kŏr æ̃ ptĭ fõ dĕ̃ vŭ mărăbǫ̃, mărĭjĕ̃n. vĕ̇rsĕ̆ nŭ kǫ̇r ăn pĕlĭt 270 kĕkĭnę̆t. — M.-J. εă pæ̆ kŏr ĕs fę̇r (ăl ărvę̇rs æ̃ mŏ̇lĕ d kă̆fĕ dĕ̃ εĕ gǫ̇p). — F. ăprĕ̆ ăvwăr æ̃mĕ s gŏblę̀y. hæ̃̃m ! εă vŭ ră̆pwĕ æ̃ mŏ̇lę̆, ę̃̆ ! εŏ̇, bĕ̆bĕ̀t ? 275 — B. ă kĭ k ε ę̃̆...? (εĕ̇l sõnę̆t ăl vŏ̇). — M.-J. ε ĕ m dą̃m, ăscĕrĕ̆ ! mŭ̌εĕ̇ vŭ gǫ̇p bĕ vĭ̧t ! (ă s ărsǫ̇v ăvă̆k ĕ̆ε mărăbŭ̇). — B. hę̀ ! mō dyŭ sĕ̆ņăr, õ n ĕt ę̄ kōsyĕ̄ε pwă̇ ę̀n ĕtǫ̇ d ĕt ăn mĕ̇nŭt trẵkĭ̧l, ĭε̇ĭ ! 280. — L. tę̆ t, tŭdĭ, m ę̃ pą̇l pă̇ ! vŏ̇, ĭ n ră̆mõnrō pŭ lõtẵ mĕ krǫ̇t. — B. lą̇ ! lą̇ ! dĭ pă̇ tẵ. tĕ srŏ̇ kŏr bĕ̆nă̆ε ă̆sę̆ d ĕ̆ļ ărvĕnĭ̧r. — L. mĭ̧ ? j ĕ̆ļ ărnǫ̃ε kŏm ă mĕ ptĭ sŏ̇lĕ ! 285 — B. ĕ̆f tĕ̆ dĭ̧ k t ĕ̆ļ ărvă̆rǫ̇ ! — L. ĕ bę̆, ŏ̇ vĕ̆rõ æ̃ mŏ̇lę̆ ! — F. krĭ pă̇ sĭ fǫ̇r, è, lĭlĭk, ō t ĕtę̄ d εă rŭ̧ ! — L. mĭ̧ ! jĕ n n ĕ pă̇ fŭ̧l ăn bŭk ! ĕ pĭ kă̇ 290 mę̆m, j ĕ mĭ pǫ̆̆r ĕd pă̆rsõn. jŭ k tĕ̆ krwę̆...? tĕ̆ sę̆, j sŭ pă̇ kŏm nĭnĭ, k ă s sĕ̆zĭ̃ tŭdĭ pŭr ăryę̆, dŏ̇, mĭ ! — B. ĕ bę̆, ę̆ s fĭl, ĕ̃ pă̆rlẵ d nĭnĭy, ăl ĕ

<hr>

aurait su que c'était moi, n'est-ce-pas, il m'aurait en *constinotte* tordu
mon amer ! — L. Ça oui, tu aurais joliment passé *les piques.* 265 —
F. Bah ! bah ! si *que ça serait* maintenant ! On vous mènerait, n'est-ce
pas, en prison. On ne sait *mie* plus rire comme de notre temps. — B.
(à *cette* servante) : Vous avez encore un petit fond dans votre cafetière, Marie-Jeanne. Versez-nous encore une petite *quinquinette.* 270
— M.-J. Ça peut encore se faire (Elle *re*-verse un peu de café dans *ces*
tasses). — F. Après avoir humé sa *gobelée.* Heumm ! ça vous ravigote un
peu, hein ! cela, Bébeth ? 275 — B. A qui *que* c'est... ? (*Cette* sonnette
elle va). — M.-J. C'est ma dame, assurément ! Cachez vos tasses bien
vite ! (Elle se *resauve* avec *cette* cafetière). — B. Hai ! mon Dieu Seigneur ! On n'est en conscience pas en état d'être une minute tranquille,
ici ! 280 — L. Tais-toi, toujours, (ne) m'en parle pas ! Va, ils ne
balayeront plus longtemps mes crottes. — B. Là ! là ! (ne) dis pas
tant. Tu seras encore bien aise assez d'y revenir. — L. Moi ! J'y
renonce comme à mes petits souliers ! 285 — B. Je te dis que tu y
reviendras ! — L. Eh bien, nous verrons un peu ! — F. (Ne) crie pas
si fort, eh ! Lilique, on t'entend *de ces* rues ! — L. Moi ! je n'en ai
pas *foute* le moins du monde ! Et puis quand 290 même, j'ai *mie* peur
de personne. Est-ce que tu crois... ? Tu sais, je (ne) suis pas comme
Ninie, *qu'elle* se saisit toujours pour rien, da, moi ! — B. Eh bien, et

kŏm ărvĕnŭ d părĭ! — L. ɛŏ̦! mĭ jĕ l săvĕ byă̦ k ăl ĕrwĕ ărvĕnŭ 295
ăvɛ̆k ɛŏ k ăl kăɛwĕy. — F. ăl fĕ tŭdĭ rŭdmē sē kĕkœ̃, dpĭ k ăl ĕ răpărŭ,
ɛĕl lă̦l! — L. m ē̆ pă̦l pă̆! ɛă̆ dĕgŭ̦t! ɛă̆ mĕ dĕ rŏ̦p ă̆ fĭrlĭpĭpĭ ĕ pĭ kŏr
dĕ kăpyŏ ă plœ̆m, ĕ sĭ k ɛă̆ n ŏ 300 sœlmē pwă̦ œ̆n bŏn kmĭɛ ă mĕt dē
sē dŏ̦! — B. ăl frwĕ grămē myŭ̦ d lĕɛĕ ɛ̆ĕ sŭ̆ ă s mĕr. vŏ̦, ă̆ n n ŏ
dʒwă̦, ɛĕl lă̦l, ăvɛ̆k ĕl brĭgăd d ĕfẵ k ăl ŏ̦. — F. ărœ̆ pŭr ĕ̦l k ăl ŏ kŏr
œ̃n ŏ̦m ĕk ɛ ĕ 305 pă̆ œ̃ lŏ̦s, nĭ œ̃n ărsŭ̦l, k ĭ lĭ răpŏrt kŏr tŭ̆ sē mŏlĕ d
ărjɛ̃, ĕnō? — L. ăwɛ̦, ɛ ĕ pă̆ kŏm ĕl ɥɛ̦ɛ grămĕr bărtĭ̦n, ă̆ n n ŏ œ̃, ɛĕl
lă̦l, ĭ n ĕ pwă̆ ōtă̆ d lĭ bwăr tŭ̦t, k ĭ n n ŏ mĕm pwă̆ ăsɛ̦. vŏ̦, ɛ brē d vē̆
ĭ răbăɛrŏ d œ̃ 310 săkrĕ kŏ̦w kẵ k ĭ mŏrŏ̦, ɛtĭ lŏ̆! — F. ăl rĕs t ĭ kŏr
dē ɛ fŭrbŭ̆ d ĕ̦r? — L. ăwɛ̦, ăl ĕ kŏr dē l măzŏ̦ d dĕfœ̃ s tă̦t. — B. mĭ̦,
j m ē̆ răpĕl mĭ̦, d bărtĭ̦n. — L. kwɛ̦ k ɛ ĕ n n ɛ̦! tĕ t ē̆ răpĕl pă̦? ɛ̦!...
315 t ē̆ kōnwĕ mĭ d ŏ̦t! bărtĭ̦n..., k ăl ĕtwĕ œ̃ mŏlĕ sŏsŏ̦t..., tĕ sɛ̦...! —
B. ă̦! wɛ̆! j m ĕl rămētŭ̦, ă̆ st œ̆r. — L. jĕ l săvwĕ byă̦. ɛ̦! fĭfĭn! —
F. ĕkwɛ̦y? 320 — L. pă̆s mɛ̦ ɛl ĕkɥĕl ă̆ l ʒyɛ̦p (fĭfĭn ă̆ lĭ pă̆s). bɛ̦, k

---

sa fille, en parlant de Ninie, elle est *comme* revenue de Paris ! — L. Ça !
moi je le savais bien, qu'elle *aurait* revenu 295 avec ce qu'elle cher-
chait ! — F. Elle fait toujours joliment son quelqu'un, depuis qu'elle est
reparue, celle-là ! — L. (Ne) m'en parle pas ! Ça dégoûte ! Ça met des
robes à effilés et puisdes chapeaux à plumes, et *si que* ça n'a 300 seulement
pas une bonne chemise à mettre *dans son dos* ! — B. Elle ferait beaucoup mieux de laisser *ces* sous (l'argent) à sa mère. Va, elle en a
besoin, celle-là, avec la quantité d'enfants qu'elle a. — F. Heureusement pour elle qu'elle a encore un homme *que* c'est 305 pas un fai-
néant, ni un arsouille, qu'il lui rapporte encore tout son peu d'argent, n'est-ce pas ? — L. Oui, c'est pas comme la nièce (de) grand'
mère Bertine. Elle en a un, celle-là, il n'est pas honteux de lui boire
tout, qu'il n'en a pas même assez. Va, *cette* eau-de-vie *elle* baissera
d'un 310 fameux coup quand *qu'il* mourra, celui-là ! — F. *Elle* reste-
t-elle encore dans *ce* faubourg d'Aire ? — L. Oui, elle est encore dans
la maison de feu sa tante. — B. Moi, je (ne) m'en rappelle *mie*, de
Bertine. — L. Quoi que c'en est ? tu (ne) t'en rappelle pas ? Eh !...
315 tu n'en connais pas d'autre ! Bertine..., *qu'elle* était un peu
simple..., tu sais...! — B. Ah ! oui ! je me le rappelle maintenant
— L. Je le savais bien. Eh ! Fifine ! — F. Et quoi ? 320 — L. Passe-
moi *cette* écuelle au savon (Fifine *elle* la lui passe). Tenez, que je vous

ěj vŭ răkǭt, pĭsk ǒ n ē̆ părlǭ, d bărtìn. ēn ĕtā̆ jǒ̃n, ĕnò, ăl ăvwĕ œ̃n
ămŭrœ̈w, ĕk ε ĕtwĕ lõ̆g̣ pā̧ε, ĕ pĭ εtĭ εₑ ĭl l ăvwĕ lĕ̆εĕ lǭ pŭr lĭ ălĕ̆
ăvĕk ĕm grămḝr. ălǫrs, kǒ̃m dĕ jŭ̧s, εă̧ ḷ ălwĕ pā̧, 325 ă bărtìn. ăkŭtĕ
œ̃n fwḝ εǒ k ă ḷ ǒ fḝ. œ̃n fwḝ, k ăl ĕtwĕ tŭ prĕ d ĕ̆ε kălvḝr, ăl vwĕ mōtĕ̆
m grămḝr. ăl l ătḝ, ĕ pĭ, kā̃ k ăl ǒ ĕtĕ̆ tŭ kǭt, ăl l ăĕr păr sē̆ kǒ ăvĕk
sĕ grǭ̧w, ĕ pĭ kǒr ă lĭ dĭ kǒ̃m εǭ̧ : ĕm rē̄drǒ tŭ mn ămŭrœ̧̈w? ĭεĭ, 330
dvā̃ l bō dy̆ŭ, fǒ k tĕ̆ l dĭ̧ε! bărtĭ̧n, ĕ̄ dĭjā̃ εǭ̧, ă lĭ pǒεwĕ sĭ fǒr ĕsn
ălǒyǒ̧w, k ĕm grămĕr ă ḷ ǒ prǒmĭ tŭ εǒ k ăl ǒ vǒlŭ̧ pŭr k ă l lĕ̆ε ălḝ.
εă̧ n ē̆pĕ̆ε pwā̧, dǒ, k ă n s ǒ mĭ măryĕ̆ ăvĕk lĭ pŭr εǭ̧. — B. ā̧ bē̆! ĭ
m sā̃n ă vĭ̧r ĕk j ĕn n ĕ œ̃n fwḝ 335 ĕtē̃dŭ kĕ̆t kǒ̧ż, d ĕ̆εl ĭstwăr lǭ̧.
(ă̧ ε mõmē̄ lǭ̧, mărĭ-jĕ̃n ăl ăpǒrt l ărεĭnĕ̆ d εĕ̆ bŭrès. ăl pǒ̧ż ĕ̆ε pḝ, ĕ̆ε
bŭ̧r, trwĕ̆ kăt pḝm ĕ pĭ kǒr æ̃ pǒ d byḝr ăvĕk trwĕ̆ vĕr sŭ εĕ̆l tă̧b́, ĕ
pĭ ă̧ s rĕ̃vǒ sā̃ dĭr ăryḝ). 340 — F. ε ĕt ĭ̧ k ĭ srwĕ̆ dĕ̆jǒ l ărεĭnḝy? —
L. εǒ wḝ! kā̃ k ō trăvăl kǒ̃m nŭ̧ż ǫ̧t, ĕl tā̃ ĭ păs vĭ̧t, dǒ. — B. ălō̃,
ălǒrs, ărεĭnǭ. ĕ pĭ kă̧ mḝm, ěj sē̆ mĕ kĕr kĭ tĭ̧r. 345 — L. kă̆ dŭr pā̧,
mĕ jḝ, kă̆ săl bŭ̧r! (ĭl ărεḝnt ĕ tŭ lĕ̆ trwĕ̆). — B. ō vwĕ̆ byḝ k ǒ n sĕ̃m

---

raconte, puisque nous en parlons, de Bertine. En étant jeune, n'est-
ce pas, elle avait un amoureux, que c'était Longue-Panche, et puis
celui-ci *il* l'avait laissée là pour *aller avec* (fréquenter) ma grand'mère.
Alors, comme de juste, ça (ne) lui allait pas, 325 à Bertine. Écoutez
une fois ce qu'elle lui a fait. Une fois, qu'elle était tout près *de ce*
Calvaire, elle voit monter ma grand'mère. Elle l'attend, et puis, quand
qu'elle a été tout près (d'elle), elle l'empoigne par son cou avec ses
doigts crochus, et puis encore elle lui dit comme ça : Me rendras-tu
mon amoureux ? Ici, 330 devant le bon Dieu, (il) faut que tu le dises !
Bertine, en disant cela, *elle* lui pressait si fort son gosier, que ma
grand'mère *elle* lui a promis tout ce qu'elle a voulu, pour qu'elle la
laisse aller. Ça n'empêche pas, *da*, qu'elle ne s'a *mie* mariée avec lui
pour cela. — B. Ah ! il me semble *à voir* que j'en ai une fois 335
entendu quelque chose, de cette histoire-là. (A ce moment-là, Marie-
Jeanne *elle* apporte le goûter de *ces* lavandières. Elle dépose *ce* pain,
ce beurre, trois ou quatre pommes et puis encore un pot de bière avec
trois verres sur *cette* table, et puis elle se *r*'enva sans dire rien). 340
— F. C'est-il qu'il serait déjà l'heure du goûter ? — L. Ça oui ! quand
qu'on travaille comme nous autres, le temps *il* passe vite, *da*. — B.
Allons, alors, goûtons. Et puis quand même je sens mon *cœur* qui
tire. 345. — L. Quel dur pain, *mes gens* ! quel sale beurre ! (Elles

*pŭ ɛǐ ămõ d mõsyǽ P***! kǽ bōn ǫ̃m, ěnõ, k ɛ ětwě! ǒʒ y ărɛǐně̃m
tǔdǐ kõm dě prěsę̌s, ǎ s mǎʒõn! ŋ ēn ǒ 350 pǔ kõm lǐ! — L. ɛǒ nǎ̊! ŋ
ēn ǒ pǔ. — B. ę̌ ɛ bõ ptǐ věr ěd vě pǎ dʒę̌r, k ǐ nǔ l l ǎpǒrtwě kǒr lǐ
mę̌m! õ dǐrwě k jě l vwě kǒr, ěɛ pǒv mõsyǽ P***. ɛ ě tǔdǐ ɛě jě lǒ̃ kǐ
s ě̃ võ 355 dvǎ lz ǫ̌t. ǎlę̌, ɛě lǒ d ǐɛǐ ǐ n sõ pwǎ prě d klǎkę̌, mǐ j vǔʒ ě̃
rěpǫ̃. — F. ǎ ɛǒ̊! nǎ̊! ɛ ě lǎ pǔr věrǐtę̌y. ǐ nǔ frõ kǒr ěrǎjě pǔ d æ kǫ̌w,
ɛdvǎ lǔ̃ʒ ēn ǎlě. — M.-J., k ǎl ǎrvyě ǎvěk ěɛ kǎfę̌. mǎdǎ̃m 360 ǎl ǒ
dǐ d vǔ dǐr k ǒ s děpěɛě æ mǒlę̌, pǎs ɛě jǔr ǐ kmē̃ɛt ǎ rǎkǔrɛě. — L.
pǔ sǔvę̌, k ǒ n bæ̌vrě̃m pwǎ nǔ kǎfě trǎkǐl! ǒ pǔyě lǐ dǐr, ǎ vǔ dǎ̃m :
mǐ, j m ǎrmě pwǎ ǎ ɛ kǔvyě dvǎ æ kǎr d ěr d ǐɛǐ. 365 — (mǎrǐ-jě̃n
ǎ s ǎrvǒ sǎ̃ dǐr ǎryę̌). — F. kwę̌ k ɛ ě n n ě? n ě̃ vlǒ t ǐ pǎ ǎ̃n bę̌l, dě
mǎdǎ̃m, k ǐ fǒrwě s ětrǎ̃ně pǔr ěvǎlě sě kǎfyǒ̃w, krē̃t ěd pěrdᵗ dǎ̃ měnǔ̃t!
kõm šǐ k õ n sěrwě pǎ ɛǒ k ǎl ǒ ětě dē̃ l tǎ̃! 370 — L. tę̌ t, tǔdǐ, vǒ, m
ě̃ pǎ̊l pǎ! ǎl ět ě̃sǔrpǒrtǎ̊p! ę̌ dē̃ ɛě bǔtǐk! fǒ l vǐr! ǎl frǒ děplǒyě tǔt,
ě̃blǎyě ɛě kõtwǎr ě pǐ cǒr ɛě kǎyěl pě̃dǎ děʒ ę̌r, pǔr fěnǐr pǎr s ēn ǎlě*

---

goûtent toutes les trois). — B. On voit bien que nous ne sommes plus
ici chez M. P***! Quel bon homme, n'est-ce pas, que c'était! Nous y
goûtions toujours comme des princesses, à sa maison! (Il) n'y en a
350 plus comme lui! — L. Ça non! (il) n'y en a plus. — B. Et *ce*
bon petit verre de vin par dessus, qu'il nous l'apportait encore lui-
même! On dirait que je le vois encore, ce pauvre M. P***. C'est toujours ces gens-là qui s'en vont 355 avant les autres. Allez, ceux-*là*
d'ici *ils* ne sont pas près de *claquer*, moi je vous en réponds. — F.
Ah ça! non! c'est la pure vérité. Ils nous feront encore enrager plus
d'un coup (d'une fois) avant (de) *leur* en aller. — M.-J., *qu'elle* revient
avec *ce* café. Madame 360 *elle* a dit de vous dire que vous *se* dépêchiez
un peu, parce (que) *ces* jours *ils* commencent à raccourcir. — L.
Plus souvent, que nous ne boirions pas notre café tranquillement!
Vous pouvez (le) lui dire, à votre dame : moi, je (ne) me remets
pas *à ce* cuvier avant un quart d'heure d'ici. 365 — (Marie-Jeanne *elle*
se *r'en* va sans dire rien). — F. Quoi que c'en est? N'en voilà-t-il pas
une belle, de madame, qu'il faudrait s'étrangler pour avaler son mauvais café, crainte de perdre deux minutes! Comme si *qu'on* ne *saurait*
pas ce qu'elle a été dans le temps! 370 — L. Tais-toi, toujours, va,
(ne) m'en parle pas! Elle est insupportable! Et dans *ces* boutiques!
(Il) faut la voir! Elle fera déplier tout, encombrer *ces* comptoirs et
puis *ces* chaises pendant des heures, pour finir par s'en aller sans ache-

*să ăkătě ăryẽ, ẽ fĕjã tŭdĭ : pṳt ! pṳt ! sŭ lŭ ɛŏ k ô ļ amṳt ! ĭ 375 fŏ k ĭ
n n ặɛt ě dĕl păsyēɛ, ɛě fĭl ěd bŭlĭk, ăvăk ăn jĕ dě s sòrt ! vŏ, mĭ, j ĕl
l ĕrwĕ vĭl ẽvŏyĕ găltĕ ! — F. bĕ, ɛă dĕgṳt ! ō pă dĭr k ōn ĭ vwĕ tṳt, sŭ
lă tĕr dŭ mŏdᵗ ! 380 — B. bĕ, mĕ jẽ, ărmĕtō nŭ tŭ d mĕm ă ɛĕ lĕɛẽ, ɛă
n srwĕt ĭ k ŏ rĕspĕ d mōsyẽ. — L. bĕ, mĭ, vŏ, ŏrmŭ pŭr lĭ, ŋ ŏ lōtã k
j ĕrwĕ lĕɛĕ lŏ tŭt ē biblã. — B. ĕy ! ɛ ĕ bō ! bĕ, tĭ, tĕ m ēbĕt ! părlō 385 d
ŏtĕr kŏẑ, pŭtŏ. — F. ĕd kwĕy ? — B. ĕd kwĕ ? d tŭ ɛŏ k tĕ vẽ. bĕ, tĕ
parlwĕ ŏrẽ d grămĕr bărtĭn... k ĕj vŭ răkōt ĕl tŭr ĕk mẽ fyŭ k ĭl ŏ jwĕ
ăn fwĕ ă sẽ plĭ nvẽ, ă grămĕr 390 bărtĭn. — L. ă tĭlĭs ? — B.
ăwĕ, ă ɛ sŏ tĭlĭs. bĕ, mẽ fyŭ, ɛ ĕlwĕ ăn fwĕ l dĭmẽɛ d ĕl dŭkăs sẽ mĭɛẽ,
ŋ ŏ dĕjŏ ăn rĕzĕt, ĕd ɛŏ ! ĭl ĕlwĕ răsĭ dẽ l swĕrĕy dĕn ẽ kăbărĕ 395 d
ĕɛ fŭrbŭ d ărŏ, ăvăk lrwĕ kăt ĕd sĕ kŏmărăt, k ĭ n n ărvĕnwĕt tĕ, dĕl
dŭkăs. ĭ vwĕl té rĕtrĕ tŭ d ēn ẽ kŏw ĕl lĭ nvĕ d bărtĭn ăvăk ẽ byŏ
dŏrĕ ă lĕ bŭlĭ rĕtŏrtĭyĕ dẽ dŭ păpyĕ k ĭl ăvwĕ răpŏrtĕ d ămō fĭfĭ pŭr
lĭ rĕgălĕ s tãt kŏm ĭ fŏw, ă ɛŏ k ĭ dĭjwĕ ē 400 rĕtrã. — « ĕwĕ ! k ĭ ŋ ēn
ŏ ẽ k ĭ lĭ dĭ, tĭ ? t ĕ byã trŏ ărăp pŭr ɛŏ, ăn ŭrs kŏm tĭ !... — mĭ, j*

---

ter rien, en faisant toujours : Putt ! putt ! sur tout ce qu'on lui montre !
Il 375 faut qu'elles en aient, de la patience, *ces* filles de boutique,
avec une personne de sa sorte ! Va moi, je l'aurais vite envoyée pro-
mener ! — F. *Bè*, cà dégoûte ! On peut dire qu'on y voit tout, sur la
terre du monde ! 380 — B. *Bez*, mes gens, remmettons-nous tout de
même *à ces* draps de lit, ça ne serait-il qu'au respect de monsieur. —
L. *Bè*, moi, va, hormis pour lui, il y a longtemps que j'aurais laissé
là tout *en biblan*. — B. Eh ! c'est bon ! *Bè*, toi, tu m'embêtes ! Parlons
385 d'autre chose, plutôt. — F. De quoi ? — B. De quoi ? De tout ce
que tu veux. *Bè*, tu parlais tantôt de grand'mère Bertine... Que je
vous raconte le tour que mon fils *qu'il* à joué une fois à son petit-
neveu, à grand'mère 390 Bertine. — L. A Titisse ? — B. Oui, *à ce
sot* Titisse. *Bè*, mon fils, c'était une fois le dimanche de la fête (de)
Saint-Michel, il y a déjà un petit espace de temps, de cela ! Il était
assis dans la soirée dans un cabaret 395 *de ce* faubourg d'Arras, avec
trois ou quatre de ses camarades *qu'ils* en revenaient, de la fête. Ils
voient entrer tout d'un coup le petit-neveu de Bertine avec un beau
doré à la crème enveloppé dans du papier, qu'il avait rapporté de chez
Fifi pour *lui* régaler sa tante *comme il faut* (convenablement), à ce
qu'il disait en 400 entrant. « Hinhouin ! qu'il y en a un qu'il lui dit,
toi ? tu es bien trop avare pour cela, un ours comme toi !... -- Moi,

sŭ t æn ůrs ? k ĭ dĭ tĭtĭ̩s. dmãd¹ lĭ æ mŏlĕ̩, ă m tặt, sĭ k jĕ n̦ ĕ pă
dĕjŏ răpŏrtĕ̩y, dĕl tàrt, d ĕl dukặs. 405 dĭ l lĕ kŏr æ mŏlĕ̩, k ĕ̦j sŭ t æn
ůrs, k ĭ dĭ kŏm ɛŏ̦ ! — wĕ, wĕ̩, k ĭ dĭ mĕ fyů̩, t ĕ t æn ůrs ! t ŏʒrwĕ
mĭ sælmĕ̩ dĕpĕsĕ dæ sŭ̩ pŭ l̦ ărpŏrtĕ dĕ prŏn, ʜĕ̩ !... ă t tặt bărtĭn. —
à ! j ŏʒ pă dĕpĕsĕ dæ sŭ̄, k tĕ dī !... k ĭl ărdĭ 410 tĭtĭ̩s. ĕ̦ ɛŏ̦ ?... kwĕ k ɛ
ĕ n n ĕ̦ ?... răvĭ̩s æ mŏlĕ !... » — ĕ dĭjă ɛŏ̦, ĕnõ, ĭ dĕtŏrtĕl sĕ păkĕ̩ ĕ pĭ
kŏ̦r ĭ lŭ mĕ ɛĕl tărt ĕdʒŭ lŭ nĕ. mĕ fyů̩ ĭ lĭ dĭ : pătrĭk ĕl lĕ pă kŏm ɛŏ̦,
tĕ dŏrĕ̩, ă 415 tŭ le mwặ̩, k ĭ lĭ dĭ. rĕtŏrtĕl ĕl lĕ pŭtŏ kŏm ĭ fŏ̦w. bĕ̩,
tyặ̩, mărɛ ĕl mĕt dĕ l măʒŏn păr lō dĕ ɛl ŏrmwặr : tĕ l l ărprĕdrŏ ĕ
t ărnălặ̩, ĕspĕs ĕd brặk ! ălō, dĕpĕɛ t, ʜĕ̩ !... tĕ băvrŏ dŭ kăfĕ ăvĕk nŭʒ
ŏ̦t. » 420 kŏm fŭ dĭ fŭ fĕ̩. ĕtặdĭ k ĭl ĕtæ ĕvwĕ̩ mĕt ĕs tărt ă plặɛ, mĕ
fyů̩ ĭ dĭ kŏm ɛŏ̦ ă lʒ ŏt, tŭ bŏ̦ : « dĭjĕ ăryĕ̩, ĕj frĕ lĕ mĕm d ălĕ pĭɛĕ
tălặr, ĕ pĭ kŏ̦r ĕj lĭ frĕ æn fặrs, k ĭ lŭ dĭ. » ɛă n ŏ mĭ măkĕ̩. tĭtĭ̩s ĭ s
ŏ rĕnălĕ̩ æn fwĕ k ĭl ŏ 425 ĕtĕ l ær, kŏm ĕlʒ ŏ̦t, ăvĕk ĕs tărt k ăl ĕtwĕ
kŏ̦r fĕ byặ rĕtŏrlĭyĕ̩ kŏm kặ k ĭl l ăvwĕ mĭ dĕ ɛl ŏrmwặr ; ĕ pĭ, l
lĕdmặ ă sĕ dĭnĕ̩, ĭl ăpŏrt ĕɛ păkĕ ă s tặt pŭr lĭ fĕr æn sŭrprĭʒ, ĕ pĭ

---

je suis un ours ? *qu'il* dit Titisse. Demande-lui un peu, à ma tante, si
que je ne lui en ai pas déjà rapporté, de la tarte, de la fête. 405 Dis-le
encore un peu, que je suis un ours, qu'il dit comme ça ! — Oui, oui,
qu'il dit mon fils, tu es un ours ! Tu (n')oserais *mie* seulement dépenser deux sous pour lui rapporter des prunes, hai !... à ta tante Bertine. — Ah ! je (n')ose pas dépenser deux sous, que tu dis !... *qu'il*
redit 410 Titisse. Et ça ?... Quoi que c'en est ?... regarde un
peu !... » — En disant cela, n'est-ce pas, il développe son paquet
et puis encore il leur met *cette* tarte sous leur nez. Mon fils *il* lui dit :
« (Ne) le *patrique* pas comme ça, ton *doré*, à 415 tout le moins, qu'il
lui dit. Renveloppe-le plutôt convenablement. *Bè*, tiens, va le mettre
dans la pièce par là dans *cette* armoire : tu le reprendras en t'en retour-
nant, espèce de *braque* ! Allons, dépêche-toi, hai !... tu boiras du
café avec nous autres. » 420 Comme fut dit fut fait. Tandis qu'il était
allé mettre sa tarte à place, mon fils *il* dit comme ça à *les* autres, tout
bas : « (Ne) dites rien, je ferai semblant d'aller pisser tout à l'heure,
et puis encore je lui ferai une farce, qu'il leur dit. » Ça n'a pas manqué. Titisse il s'*a ren*-allé lorsqu'il a 425 été l'heure, comme les autres,
avec sa tarte *qu'elle* était encore *fin* bien enveloppée comme quand *qu'il*
l'avait mise dans *cette* armoire ; et puis, le lendemain à son dîner, il
apporte *ce* paquet à sa tante pour lui faire une surprise, et puis encore

kŏr ĭ lĭ dĭ kŏm ɛŏ : 430 « tnę̆, mă̆ tã̆t, rå̆vĭz̆ĕ kæ̆ byŏ dŏrĕ ă̆ lĕ bŭlĭ k
ĕj vŭz ĕ rå̆pŏrtĕ d ĕl dŭkă̆s sē̆ mĭɛę̆. ŏ s ē̆ ɛŭɛrę̆ lĕ kă̆t dwĕ ĕ pĭ l pŭ̆ɛ,
jĕ n vŭ dĭ k ɛŏ̧! » vlŏ bă̆rtĭn k ă̆l dĕtŏrĭĕl ĕɛ pă̆kę̆. ă̆dvĭ̆nę̆ æ̃ mŏlĕ 435
ɛŏ k ĭ ŋ ă̆vwĕ ddę̆, ĕj vŭ l dõn ē̆ dĭɛ. bę̆, n kă̆ɛĕ pwă̆, ŏ l trŭ̆vă̆rĕ pă̆.
ĕ bę̆! ɛ ĕtwę̆y... ɛ ĕtwĕ l kŭ̆vę̆r ĕd kŏmŏdĭtĕ d ĕɛ kă̆bă̆rę̆, k mē̆ sĕlĕră̆ d
fyŭ̧ ḷ ă̆vwĕ mĭ ē̆ plă̆ɛ ĕd sē̆ dŏrę̆y, ē̆ fĕjã̆ lĕ mē̆m d ă̆lĕ pĭɛę̆, kŏm ĭl l
ă̆vă̆ dĭ ă̆ lz ọ̆t! j ē̆ rĭ̧ kŏr. 440 (ĭ s ĕbŭ̧f tĕ tă̆rtŭ̆t ĕd rĭ̧r). — L. ă̆!
bă̆! bă̧̆! ɛŏ̧, bĕbĕt, ɛ ĕt æ̃ tŭ̧r rŭdmē̆ byē̆ jŭ̈ę̆y! ă̆! bă̆! bă̧̆! ę̆ ɛĕl tă̆rt?
— B. ɛĕl tă̆rt? ĭl l ō gă̆lŭ̆fĕ tă̆rtŭ̧s ĕdvã̆ d ă̆rvĕnĭ̧r. ă̆l ĕtwĕ rŭdmē̆
bõn, ĕk ˌmē̆ fyŭ k ĭ m ŏ dĭ 445 kŏm ɛŏ̧. sæ̆lmē̆, tĭtĭ̧s ĭ ŋ ŏ vŏlŭ lōtă̆̃,
dŏ : ĭl l ă̆vwĕ rŭdmē̆ mĕjĕ ă̆ l õŋõ, ɛĕl lă̆l! — F. ĕj m ă̆pē̆s lŏ d ă̆n
kŏ̧ʒ... bę̆, ɛ ĕt ē̆ pă̆rlã̆ d ĕɛ kŭ̆vĕr ĕd kŏmŏdĭtę̆y ĕk tĭtĭ̧s k ĭl ŏ ă̆rpŏrtĕ ē̆
plă̆ɛ d ă̆n tă̆rt... jĕ m ră̆mĕtŭ̧... ă̆ bę̆! ɛ kŏ ɛĭ, 450 j ĭ sŭ̧!... — L.
ĕ kwę̆ k ɛ ĕ, k tĕ t ră̆mĕtŭ̧? — F. bę̆, ɛ ĕt æ̃ jŭ æ̃ mŏlĕ dĕ l mĕm sę̆,
k ĭl ŏ ă̆rĭvę̆ ă̆ ă̆n jõn bă̆rnĕt ĕd mĕkę̆n : ɛ ĕ pă̆ tŭt ă̆ fĕ l mĕm pă̆rę̆l,
mĕ ɛ ĕ tŭ d mĕm kă̆t kŏ̧ʒ d ă̆prŏɛă̆. 455 ă̆kŭ̆tę̆ : ɛă̆ ŏ ă̆rĭvę̆ dĕn ă̆n

---

il lui dit comme ça : 430 « Tenez, ma tante, regardez quel beau
doré à la crème que je vous ai rapporté de la fête (de) Saint-Michel.
Vous *s'* (vous) en sucerez les quatre doigts et puis le pouce, je ne vous
dit que ça ! » Voilà Bertine qu'elle développe *ce* paquet. Devinez un
peu 435 ce qu'il y avait dedans, je vous le donne en dix. *Bez*, ne cher-
chez pas, vous (ne) le trouverez pas. Eh bien ! c'était... c'était le
couvert (couvercle) de commodité *de ce* cabaret, que mon scélérat de
fils lui avait mis en place de son *doré*, en faisant semblant d'aller pisser, comme il l'avait dit *à les* autres ! J'en ris encore. 440 (Elles
pouffent toutes de rire). — L. Ah ! ah ! ah ! cela, Bébeth, c'est un
tour joliment bien joué ! Ah ! ah ! ah ! Et *cette* tarte ? — B. *Cette* tarte ?
Ils l'ont bouffée tous avant de revenir. Elle était fameusement bonne,
que mon fils *qu'il* m'a dit 445 comme ça. Seulement, Titisse *il* lui en
a voulu longtemps, *da* : il l'avait joliment mangée à l'oignon, celle-la !
— F. Je *m'appense* là d'une chose... *Bez*, c'est en parlant de ce *couvert*
de commodité que Titisse *qu'il* a rapporté en place d'une tarte... Je me
souviens... Ah ! bien ! ce coup-ci, 450 j'y suis !... — L. Et quoi que
c'est, que tu te rappelles ? — F. *Bè*, c'est une chose un peu dans le
même sens, qui *a* arrivée à une jeune *barnette* de servante : c'est pas
tout à fait le semblable, mais c'est tout de même quelque chose d'approchant. 455 Écoutez : ça a arrivé dans une maison de riches ; ils

*mǎzõn ĕd rìɛ; ĭl ǎvwĕt tĕ prɛ̨ ǎn nŭvĕl mĕkę̃n, k ǎ n ǎvwĕ jǎmĕ sŏrtĭ
d sĕ vĭlą̌ɛ, ĕ pĭ k ǎ n ǎvwĕ jǎmĕ ĕtę̆ k pǎr dǎryĕr ĕl kŭ d ɛĕ vą̌k. ŏ bŭ
d ǎn pǎ d jŭr k ǎl ĕlwĕ lǫ̆, ĕs dǎm ǎ lĭ dĭ kõm ɛǫ̆ : « pĕlǎjĭy, ŏ prĕ-
pǎrrĕ 460 dĕl sǎlǎdᵗ pŭr ĕl sŭpę̆; j m ã vĕ vŭ mõtrę̆ kõmã k õ l l
ĕplų̆ɛ. » vlŏ ɛĕl mǎdą̃m ĕ pĭ ɛĕl mĕkę̃n k ĭ s ǎsĭt tĕ tŭ lĕ dą̌ɛ̈, ĕ pĭ k
ĭ s mĕt ǎ ĕplŭkĕ dĕl sǎlǎd d ĕdĭf, ẽn ǎvã swą̌ d ǎrtĭrĕ ɛĕ bų̆k ĕ pĭ ɛĕ
lĕmŭɛõ, 465 pǎs, ŏ sǎvę̆, dĕ̃ ɛĕl sǎlą̌dᵗ, fŏ grǎmĕ myŭ k õ lzĕ lĕɛ pwą̌.
— B. ɛŏ wę̆, pŭr są̌ɛ̈r! mį̆, jĕ n n ĕ mĕ̃ kǎɛ̈r kĭ wą̌k, ǎryĕ k ǎ n n
ĕ̃lĕdᵗ pǎrlĕ. — F. kã k ǎl ŏ ĕtĕ byą̌ lǎvę̨y ĕ pĭ kŏr byẽn ĕskwę̨y, 470 ɛĕl
sǎlǎdᵗ, õ l l ŏ pŏrtĕ sŭ l tą̌ṽ; mĕ, pŭr mǎl fę̆r, ŋ ǎvĕ pǎ d kŭyĕr ĕ
nĭ d fŭrɛę̆t pŭr ĕl lŭyę̆; ɛǎ fĕ k ĕɛ mõsyǎ̈ ĭ dĭ kõm ɛŏ ǎ ɛĕl mĕkę̃n :
« pĕlǎjĭy, ǎpŏrtę̆z ã pǎ̈ l kŭvĕr dĕ bwǎ pŭr lǎ sǎlą̌d. » ɛĕl ɛį̆l ǎ n
kõpǎrdwĕ pwą̌, pǎs ǎ n ǎvwĕ jǎmĕ vŭ 475 d fŭrɛĕt ĕ bǫ̆, ǎ n pą̌yĕ
pwǎ sǎvwǎr kwę̆. ǎl ŏ dõ rĕstĕ lǫ̆ ǎvǎĕk ĕs bŭk ŭvę̨rt. « vwǎyǫ̃, pĕlǎjĭ,
pŭrkwą̌ n m ǎpŏrtĕ vŭ pą̌ s kĕ j vŭ dmą̃d? kĭ l ǎrdĭ sĕ̃ mę̆t. ŏ rĕstĕ
lǎ ĕmŏbį̆l, ŏ n m ǎvĕ dõ pą̌ kõprĭ? 480 — sĭ fę̆, mõsyǎ̈, k ǎ lĭ rĕpǫ̃.*

---

avaient pris une nouvelle servante, *qu'elle* n'avait jamais sorti de son
village, et puis *qu'elle* n'avait jamais été que par derrière le cul *de ces*
vaches. Au bout d'une paire de jours qu'elle était là, sa dame *elle* lui
dit comme ça : « Pélagie, vous préparerez 460 de la salade pour le
souper ; je m'en vais vous montrer comment *qu'*on l'épluche. » Voilà
cette dame et puis *cette* servante *qu'elles* s'asseyent toutes les deux, et
puis *qu'elles* se mettent à éplucher de la salade d'endive, en ayant soin
de retirer *ces buques* et puis *ces* limaçons, 465 parce (que), vous savez,
dans *cette* salade, (il) faut beaucoup mieux qu'on (ne) les y laisse pas.
— B. Ça oui, pour sûr ! Moi, j'en ai mon cœur qui se soulève, rien
qu'à en entendre parler. — F. Quand *qu'*elle a été bien lavée et puis
encore bien secouée, 470 *cette* salade, on l'a portée sur la table ; mais,
pour *mal faire*, il n'y avait pas de cuiller et ni de fourchette pour la
mêler ; ça fait que *ce* monsieur *il* dit comme ça à *cette* servante : « Pélagie, apportez un peu le couvert de bois pour la salade. » Celle-ci *elle*
ne comprenait pas, parce (qu')elle n'avait jamais vu 475 de fourchette en bois, elle ne pouvait pas savoir quoi. Elle a donc resté là
avec sa bouche ouverte. « Voyons, Pélagie, pourquoi ne m'apportez-
vous pas ce ce que je vous demande ? (qui) lui redit son maître. Vous
restez là immobile, vous ne m'avez donc pas compris ? 480 — Si fait,
monsieur, qu'elle lui répond. Mais ça, c'est des affaires ! Dites-le-moi

mĕ ɛǫ́ ɛ ĕ dĕ jų̆ ! dĭjĕ m ĕ̇l lĕ kŏr ăn fwĕ, mōsyǽ, s ĭ vŭ plę̆. — j vŭz
ĕ dmădĕ l kŭvę̇r dɇ bwą̀, pĕlăjï. ŏ kōprĕnĕ byĕ̄? — ăwį̀, ăwį̀, mōsyǽ,
ĕj kōprɇ̄ fɇ̄ byĕ̃. ĕj m ɇ̄ vŏ 485 vŭ l kę̇r vĭt ĕ tǫ̇. » ĕ pį, mĕ jɇ̃, vlŏ
pĕlăjį̆y k ă s ɇ̄ vŏ tŭ d ăn dɇ̃ l kų̀r, ĕ dijẵ kŏm ɛŏ̇ ă sn ă pą̀r păr ɇ̃
ddɇ̃ d ĕl mę̃m : « ĕɛ kŭvę̇r ĕd bŏ̇ !... ĕɛ kŭvę̇r ĕd bŏ̇ !... kwĕ k 490 ɛ ĕ
n n ę̆ k ĭ pǽ byɇ̃ fę̇r ăvĕk ĕɛ kŭvĕr ĕd bǫ̇ ?... byĕ̃n ăsǽrĕ k ɛ ĕ pwă̇ pŭ
l mĕt sŭ l tą̇f ! mō dyŭ ! mō dyų̆ ! sɇ̃t vyę̇rɉ dŭ bō dĭvę̆ ! j ŏzrĕ mĭ jămę̆
dĕ m vĭ vĭvą̇t lĭ pŏrĭĕ ɛǫ̇ !... pŏrtą̆, ĭ m ĕl l ŏ dį̇ dǽ fwĕ ă l ăfĭlę̆y,
mōsyǽ..., ĭ m ŏ byɇ̃ dĭ : ɛ kŭvĕr ĕd 495 bǫ̇ !... ălō, vĕyǭ, tẵ pį̀r !
ŋ ŏ pwă̇ d ăvą̆ɛ, fŏ fĕr ɛŏ̇ k ĭl ŏ dį̄, pĭs ĕk ɛ ĕ lĭ kĭ kmą̇dᵗ ! » ɛŏ̇ dĭją̆
ĕnō̃, pĕlăjï vlŏ k ăl rę̇t dɇ̃ ɛĕl kŏmŏdĭtę̆y. ĕ pį, ăn mĕnŭt ăprę̆, ăl ărĭʋ
dɇ̃ l plăɛ ă mĕję̆ ăvĕk ĕɛ kŭvĕr sŭr ăn ăsyĕt !... ĕ pį kŏr 500 ă l mĕ
tŭt ŏ mĭtẵ d ɛĕl tą̇ʋ, ɇ̃ dĭjẵ kŏm ɛŏ̇ : « tnę̨, l vlǫ̆, mōsyǽ, vŭ kŭvę̇r ! »
(ĭ rĭt tĕ tărtŭt ă lŭ̃z ĕbŭdĭnę̆). — F. fŏ pă dmădę̆, ĕnō, kǽlĕz yŭ k ō
l ŏ fę̆, ă ɛĕl mĕkĕ̃n ! 505 — L. ɛŏ̇ wę̇ ! prŏbăƀ k ă n săvĕ pwă̇ ɛŏ̇ k ɛă
vŏlwĕ dį̀r ẵ kŭvĕr, ămō d ɛĕ rį̇ɛ. — F. ɛŏ̇ ną̇ ! ɛ ĕ dĕ kǫ̇z ĕk ɛă n s

---

encore une fois, monsieur, s'il vous plaît. — Je vous ai demandé .le
couvert de bois, Pélagie. Vous comprenez bien? — Oui, oui, monsieur, je comprends fort bien. Je m'en vais 485 vous le chercher pres-
tement. » Et puis, mes gens, voilà Pélagie *qu'elle* s'en va vivement
dans la cour, en disant comme ça à part elle par en dedans d'elle-
même : « *Ce* couvert de bois !... ce couvert de bois !... quoi que
490 c'en est qu'il peut bien faire avec *ce* couvert de bois ?... Bien
assuré que c'est pas pour le mettre sur la table ! Mon Dieu ! Mon Dieu !
Sainte Vierge du bon divin ! je (n')oserai *mie* jamais de ma vie vivante
lui porter ça !... Pourtant, il me l'a dit deux fois d'affilée, monsieur...,
il m'a bien dit : *ce* couvert de 495 bois !... Allons, voyons, tant pis !
il n'y a pas d'avance, (il) faut faire ce qu'il a dit, puisque c'est lui
qui commande ! » Cela disant, n'est-ce pas, Pélagie voilà qu'elle entre
dans *cette* commodité. Et puis, une minute après, elle arrive dans la
salle à manger avec *ce couvert* (couvercle) sur une assiette !... Et puis
encore 500 elle le met tout au milieu de *cette* table, en disant comme
ça : « Tenez, le voilà, monsieur, votre *couvert* ! » (Elles rient toutes à
ventre déboutonné). — F. (Il ne) faut pas demander, n'est-ce-pas,
quels yeux *qu'on* lui a faits, à *cette* servante ! 505 — L. Ça oui ! probablement qu'elle ne savait pas ce que ça voulait dire un couvert de bois,
chez *ces* riches. — F. Ça non ! c'est des choses que ça ne s'apprend pas

ăprẽ pwả dẽ є̌ bŭzǫ̊, єǒ. — B. pŭ n n ărvĕnĭr ă є săprĕ tĭtĭs, ĕnō, ō
510 ɲ ŏ kŏr fĕ pŭ d ǣn, dĕ fàrs, ŏ săvę̌ ! ĕ pĭ kă mę̃m є ĕ tŭdĭ kŏ̃m єǫ̊ :
є ĕ kōsyẽє dĕ dýŭ pwả dĕ s fǫ̇t, pŏrtã, sĭ k ĭl ĕ pŭ d ă mĭtã ĭnŏєẽ. —
F. єǒ nǫ̊ ! є ĕ pă lĭ pŭr sæ̌r k ĭl ŏ ẽvẽsyōnĕ ėz ĕtwăl ă kæ̌̇ẅ. mĕ, tę̌ sę̌, n
ẽ fŏ t ĭ pă d tŭ lĕ 515 sǫ̇rt pŭr fĕr ǣ mǫ̃dᵗ ? — L. єǫ̊, ō l sĕ̌ fẽ byǎ.
bę̌, є ĕ kŏ̃m ĕs sæ̌r, k ăl sę̌r ămō d dĕ jẽ d bĕtæ̌n. єă̌ n ẽpĕ̌є mĭ k єĕl
fĭ̧l k ăl fĕ tŭ єǒ k ăl pæ̌̇ ; mĕ єĕ jẽ lǫ̊ є ĕ dĕ jẽ d ăryǎ̄ : ĭ l єǫ̇lt, ĭ l
bŏskŭlt ă tnĭ̧r 520 d ǣ sẽ ŭ byĕ d ǣn ǫ̇t ; ĭ lĭ fĕt tĕ păsę̌ mŏrt ĕ păsyō̧.
— F. є ĕt ĭ̧ pŭr l ămŭr dĕ dýŭ pŏsĭ̧p k ĭ ɲ æ̌є dĕ jẽ kŏ̃m єǫ̊ ?... mĭ̧, j
dĭ pŭr mĕ rĕ̃zǫ̊ k ō n pæ̌ tŭdĭ pwả tĭrĕ d frę̌n d ǣ săk ă kărbǫ̊. k ĭ
prĕ̃єt ė păsyẽє, ă tŭ lĕ mwǎ. 525 — L. єǫ̊, pŭr sæ̌r ! mĕ, tĕ sę̌, dĕl
păsyẽє, ĭ n ẽ pŭs pwả dĕ tŭ єĕ gărdę̌. є ĕ tŭdĭ̧... — B. k ăl krĭ d tŭ sẽ
pŭ fǫ̇r. mărĭ-jĕ̃n !... ĕ ! mărĭ-jĕ̃n !... (єĕl єĭ̧l ăl ăkæ̌̇r). 530 — M.-J.
kwĕ k ĭ ɲ ǫ̊ ? — B. ălĕ̌ kŏr nŭ kę̌r ǣn kŭp ĕd lĭ́ʋ ĕd ᴣyę̌p, ŏ n n ō pă
ăsę̌. — F. ĕ pĭ kă mę̃m ĕdmã̄ n ẽ fŏrŏ kŏr (mărĭ-jĕ̃n ăl sǫ̇rt). 535 —
L. є ĕ tŭdĭ̧, pŭr ărvĕnĭr ă l sæ̌r tĭtĭs, є ĕ tŭdĭ k ǣn fwĕ, ĕ̌є grã pĕr

---

dans *ces* bouses, cela. — B. Pour en revenir à ce *sapré* Titisse, n'est-
ce pas, on 510 lui en a encore fait plus d'une, de farce, vous savez ! Et
puis *quand même* (d'ailleurs) c'est toujours comme ça : ce *n'*est conscience de Dieu pas de sa faute, pourtant, si *qu'il* est plus d'à moitié
simple. — F. Ça non ! ce (n')est pas lui pour sûr *qu'il* a inventé les
étoiles à queue (comètes). Mais, tu sais, n'en faut-il pas de toutes
les 515 sortes pour faire un monde ? — L. Cela, on le sait fort bien.
Bè, c'est comme sa sœur, *qu'elle* sert chez des gens de Béthune. Ça
n'empêche pas que cette fille *qu'elle* fait tout ce qu'elle peut ; mais ces
gens-là c'est des gens de rien : ils la *cholent*, ils la bousculent sans cesse
520 d'un sens ou bien d'un autre ; ils lui font passer mort et passion.
— F. C'est-il pour l'amour de Dieu possible qu'il y ait des gens comme
ça ?... Moi, je dis pour mes raisons qu'on ne peut toujours pas tirer
de farine d'un sac à charbon. Qu'ils prennent patience, tout au
moins. 525 — L. Ça, pour sûr ! Mais, tu sais, de la patience, il n'en
pousse pas dans tous *ces* jardins. C'est toujours... — B. *qu'elle* crie de
tout son plus fort. Marie-Jeanne !... Eh ! Marie-Jeanne ! (Çelle-ci *elle*
accourt). 530 — M.-J. Quoi qu'il y a ? — B. Allez encore nous chercher une couple de livres de savon mou, nous n'en avons pas assez.
— F. Et puis d'ailleurs demain il en faudra encore (Marie-Jeanne *elle*
sort). 535 — L. C'est toujours, pour revenir à la sœur (de) Titisse,

dŭ k ɛ ĕ k ăl sĕrvwęy, vlŏ k ĭ ļ ărĭv ĕd dĭnĕ ŏ dĕǫ̀r, ĕ pĭ k ĭ n n ăvwĕ
prĕ ăn tĕl kŏlų̆r, k ĭ n tĕnwĕ pŭ ă gặp. vlŏ k ē̆ rĕtră ă s măzǭ, kăĕkặ
ĭ lĭ dĭ pĭr ĕk rặɛ 540 ĕdsŭr ęl : ɛ ĕt ăn ɛī̯, ɛ ĕt ăn lǫ̆ ; ăl ŏ fĕ ɛī̯,
ălŏ fĕ ɛǫ̆ ! ădǭ, vlŏ mn ŏm kĭ s mĕ dĕn ăn kŏlĕr blặs : ĭ kăĕr ăprĕ ɛĕl
fĭl dĕ l kŭïzĭn kŏm ĭ pặ, tŭt ē̆ bălōɛặ, ĕ pĭ kǫ̀r, ĕnō, ē̆ vŏlă lĭ lăɛĕ ặ
kŏ d pyĕ d tŭ sĕ pŭ fǫ̀r, ĕl vlŏ k ĭ kĕ sĕ kų̆ sŭ l kŭvĕr 545 d ĕɛ pwăl
k ĭl ĕtwĕ fĕ rų̀ɛ !... fŏ pă dmădĕ kăĕlĕ băĕlmē̆ k ĭ fĕjwę̀y ! ō l l ŏ tŭ d
mĕm tĭrĕ ăryĕr ĕd lǫ̆, mĕ ɛ vyŭ drĭl lǫ̆ ĭ n n ŏ tŭdĭ ặ pŭr ặ bō mwĕ ă
s ărfę̀r, k ō lĭ grĕswĕ jŭr ĕ nŭï sĕ pădų̆r ăvĕk dĕl grĕs d ăpŏtĭkę̀r, ĕk
ɛă lĭ fĕjwĕ krĭ̄ĕ 550 mĭzĕrĭkǫ̀rdᵗ. — B. ɛǫ̆, ɛ ĕtwĕ rŭdmē̆ byē̆ fę̆ ! kwę̆
k ɛ ĕ n n ė ! ĭ n pŭyặ pwă lĕɛĕ ɛĕl fĭl trăkĭl ? mĭ, pŭ sŭvę̆ k j ĕrwĕ
rĕstĕ lŏ ddē̆ ! — L. ă ŋ ŏ mĭ pŭ rĕstĕ nō pų̆, l săĕr tĭtĭs, ăl 555 ĕt
ărplăɛĕ ŏtĕr pặr. pŭr ărvĕnĭr ă ɛ vyŭ gră pĕr ăvĕk sĕ kŭ ăzĭ, ĭ s ĕn
n ŏ tŭ d mĕm ărgĕrĭ, mĕ săĕlmē̆ ĭ s ŏ byē̆ prŏmĭ d pŭ kŭrĭr kŏm ɛŏ
aprĕ ɛĕ mĕkē̆n. — B. ɛă ļ ăprēdrǫ̆. 560 — L. ɛŏ wę̆. ŏsĭ, ă st ǫ̆r,
ĕnō, kă k ĭ băĕl ặ mŏlĕ trŏ fǫ̀r, ō n ŏ k ă ļ ămŭtrĕ ɛ kŭvĕr ĕd pwăl,

---

c'est toujours qu'une fois, *ce grand-père* (vieillard) où que c'est qu'elle servait, voilà qu'il lui arrive de dîner au dehors, et puis qu'il en avait pris une telle *cuite*, qu'il ne tenait plus à jambes. Voilà qu'en rentrant à sa maison, quelqu'un *il* lui dit pire que rage 540 sur elle : c'est une ci, c'est une là ; elle a fait ci, elle a fait ça ! Alors, voilà mon homme qui se met dans une colère bleue : il court après *cette* fille dans la cuisine comme il peut, tout en chancelant, et puis encore n'est-ce pas, en voulant lui lancer un coup de pied de tout son plus fort, le voilà *qu'il* tombe son cul sur le couvercle 545 *de ce* poêle *qu'il* était *fin* rouge !... (Il ne) faut pas demander quels beuglements *qu'il* faisait ! On l'a tout de même retiré de là, mais ce vieux drille-là, il en a toujours eu pour un bon mois à se refaire, qu'on lui graissait son derrière avec de la graisse de pharmacien, que ça lui faisait crier 550 miséricorde. — B. Ça, c'était joliment bien fait ! Quoi que c'en est ! Il ne pouvait pas laisser cette fille tranquille ? Moi, plus souvent que *j'aurais* resté là-dedans ! — L. Elle n'y *a mie* plus resté non plus, la sœur (de) Titisse, elle 555 est replacée autre part. Pour revenir à *ce* vieux grand-père avec son cul brûlé, il s'en est tout de même guéri, mais seulement il s'a bien promis de ne plus courir comme ça après *ces* servantes. — B. Ça lui apprendra. 560 — L. Ça oui. Aussi, maintenant, quand *qu'il* braille un peu trop fort, on n'a qu'à lui montrer *ce* cou-

il ĕ tŭ d sǜĭt răpăję̆, ĭ dvyĕ̃ pŭ dų̆ɛ k æ̃ pŭ̃ mŭ̃lô. ɛ ĕ mɛ̃ gărɛ̄ɔ k ĭ
m ǒ æ̆n fwĕ răkôĭ̆ tŭ ɛǒ. — F. ĕlkæ̨? ĕɛĭ k ĭl ĕ sǒldą̆? 565 — L.
ăwį̆, ă bĕtæ̨n. — B. ĕ tɛ̃ pŭ jǒn gărɛɔ̄, lŭ̆lĭk? — L. bę̆, tĕ sę̆, ĭl ǒ
vǒlŭ ă tŭt rę̆s ĕs măryę. j ĕ săkǒrdyĕ pwă̆ pų̆yų̆ l dĕtŭ̆rnę̆ : ĭl ĕrwĕ tĕ
ĕn ĕtǫ̌ d fĕr æ̃ kǒ d mălæ̨r. 570 — F. jĕ l sĕ byą̆, mĕ ɛă n ɛ̃pę̆ɛ, ɛ ĕ
kǒr æ̃ gărɛôną̨l ; ĭl ĕrwĕ byă̆ pŭyŭ ătę̆d d ăvwăr fĕ sɛ̃ tẵ mĕl̆ĭtę̆r, ĕdvẵ
dĕ s lǒyĕ pŭr tŭ s vį̆y. — B. bę̆, fĭfĭn, ɛ ĕ kǒm ɛǒ ă st æ̨r. ɛĕ jǒn ĭ
n ĕ̃ sĕt tĕ grămɛ̃ d plŭs ĕk ɛĕ vyų̆. tĕ vĕrǫ̌, m fĭl, 575 sĭ k ɛă kǒĭ̆nŭ
d ĕɛ trɛ̃ lǫ̌, ĕɛ̨z ĕfą̆, fǒrǒ lzĕ măryĕ ăvăĕk lŭ̆ ɛĭ̆ɛĕt ă lŭ̆ bų̆k ĕ pĭ kǒr
lŭ̆ drăpyǒ ă lŭ̆ kū. ɛă̆ n frǒ pwă̆ æ̃ plwę̆y. (mărĭ-jĕ̃n ă̆l răpǒrt ɛĕl
ʒyę̆p). — F. bę̆, vŭ̆z ǒĭ, ă st æ̨r ĕj m ĕ̃ vǒ vŭ dĭr æ̆n 580 kǫ̌ʒ. —
L. ĕ kwę̆y? — F. ĕ bĕ̃, ĭl ĕ bĕtǒ vę̆p : lĕɛõ lǒ tų̆t ĕ pĭ kǒr ărnălō nuʒ
ę̃! — B. t ǒ rĕ̃ʒō, fĭfĭn, ɛ ĕ ɛǒ k ǒʒ ō d pŭ myŭ 585 ă fę̆r. ǒ fĕ̃nţrō
dmą̆. ĕ pĭ kă̆ mę̆m, ō n frwĕ pŭ l ĕ̃vĕ̃sį̆p : dĕ̃n ăn tĭl mĭ ă̆rę̆t ĭ srǒ
ǜĭt æ̨r. (ɛĕ trwĕ bŭrę̆s ĭ dĭt ă rvwăr ă ɛĕl mĕkę̆n ĕ pĭ kǒr ĭ s ărvô).

---

vercle de poêle, il est tout de suite apaisé, il devient plus doux qu'un petit mouton, C'est mon garçon *qu'il* m'a une fois raconté tout cela. — F. Lequel? Celui *qu'il* est soldat? 565 — L. Oui, à Béthune. — B. Et ton plus jeune garçon, Lilique? — L. *Bè*, tu sais, il a voulu à toute force se marier. J'ai sacordié pas pu le détourner : il aurait été capable de faire un coup de malheur. 570 — F. Je le sais bien, mais ça n'empêche, c'est encore un gamin; il aurait bien pu attendre d'avoir fait son temps militaire, avant de se lier pour toute sa vie. — B. *Bè*, Fifine, c'est comme ça maintenant. *Ces* jeunes *ils* en savent beaucoup *de* plus que *ces* vieux. Tu verras, ma fille, 575 si *que* ça continue de ce train-là, *ces* enfants, (il) faudra les marier avec leur *sucette* à leur bouche et puis encore leurs langes à leur cul. Ça ne fera pas un pli. (Marie-Jeanne *elle* rapporte ce savon mou). — F. *Bez*, vous autres, maintenant je m'en vais vous dire une 580 chose. — L. Et quoi ? — F. Eh bien, il est bientôt soir : laissons là tout et puis encore *ren*-allons-nous-en! — B. Tu as raison, Fifine, c'est ce que nous avons de plus mieux 585 à faire. Nous finirons demain. Et puis d'ailleurs, on ne ferait plus l'*impossible* : dans une petite demi-*heurette* il sera huit heures. (*Ces* trois lavandières *elles* disent au revoir à *cette* servante et puis encore elles s'en vont).

SYSTÈME GRAPHIQUE ET GLOSSAIRE

Les caractères suivants sont employés dans la transcription phonétique de « A l' Buèe » :

1° Lettres qui ont la même valeur qu'en français : *a, b, d, e,
f, i, j, k, l, m, n, o, p, r, t, u, v, ʒ*.

2° Lettres dont l'emploi a été généralisé : *œ* (de *œil*) = *eu*
français ; *w* = *w* anglais ; *y* = *y* franç. dans *yeux, ill, ll* et *il*
dans le parisien trava*ill*e, fi*ll*e, trava*il* ; *h* marque l'aspiration forte
(peu employé en saint-polois).

3° Lettres modifiées : *u* = *ou* franç. ; *є* = *ch* franç. ; *g* = *g*
dur franç. (*ga, gue*) ; *s* = *s* dure franç. (*s, ss, c* doux et *ç*) ; *ẅ* = *u*
consonne dans le fr. n*u*it ; *è* = *e* muet français, quand il sonne,
comme dans *je*.

4° Signes diacritiques : A. *Consonnes* : ˷ mouillure (*l̬* = *l*
mouillée, prononcée comme dans le Midi ; *n̬* = *gn* franç.) ; —
˄ fricative (*r̂* = *r* voisine du *ch* dur allemand) ; — ˉ forte (*ř* = *r*
fortement roulée).

Les consonnes finales des syllabes sonnent comme si elles
étaient suivies d'un *e* muet.

B. *Voyelles* : ˋ voyelle *ouverte* (*à*, partir ; *è*, fête ; *ì*, mille ; *ò*, or ;
ù butte ; *æ̀*, heure ; — ˊ voyelle *fermée* (*á*, pas ; *é*, chantée ; *í*, nid ;
ó, chapeau ; *ú*, fendue ; *ǽ*, heureux) ; — ˜ voyelle *nasale* (*ã*, enfant ;
ẽ, vin, pain, sein ; *õ*, rond ; *æ̃*, parfum, un) ; — ˷ voyelle *demi-
nasale* (*ã̆*, entre *à* et *ã* ; *ĕ̃*, entre *è* et *ẽ* ; *ŏ̃* entre *ò* et *õ* ; *æ̆̃*, entre *æ̀*
et *æ̃*). — Un petit trait vertical, sous une voyelle, marque l'accent
tonique (*a̤, o̤, æ̤*) ; le signe ˉ indique la longueur (*ā, ē, ō, ū, ṻ,
ǣ*), et le signe ˘ la brièveté (*ă, ĕ, ŏ, ŭ, ṻ̆, æ̆*).

5° Lettres superposées : *ė, j̇, j̣, g̣, k̇, dˈ, b̧, r̦, v̇, ꭍ, ẏ, ẕ, ũ, ḓ, ą, ů,
è̇, ḁ, å* : elles représentent un son *intermédiaire* entre les deux
sons marqués par les lettres prises isolément.

6° Petits caractères : ils indiquent des sons à l'état naissant ou
en voie de disparaître.

affilèe (d') [*d ăfĭlĕy*], à la file, l'un après l'autre, de suite et sans interruption.

aller aveuque [*ălĕ avăĕk*]. — une jeune fille, c'est lui faire la cour, la fréquenter dans le but de l'épouser.

aloyau [*ălŏyŏw*], pomme d'Adam ; par ext., gosier.

appinser (s') [*s ăpĕsĕ*], songer à une chose, y réfléchir, — se demander.

ardacher [*ărdăĕ*], remettre des clous (*dăɛ*) à une chaussure.

azi [*ăχĭ*], brûlé légèrement.

babache [*băbăɛ*], grosse joue. — *Faire babache*, baiser, embrasser.

bardalèe [*bărdălĕy*], repas donné à l'occasion d'un baptême.

barnèe [*bărnĕy*], contenu d'un tonneau de vidange. — Au fig., *mĕt sĕ nĕ dĕ ĕĕl bărnĕy*, épouser une personne peu convenable, après avoir été plus difficile que d'autres dans le choix d'une femme.

barnette [*bărnĕt*], jeune fille sans expérience.

bè! (*Bez!* en ne tutoyant pas) [*bĕ, bĕy, bĕ*], interj. servant à attirer l'attention (= voyez! tenez! regardez!).

biblan (in) [*ĕ bĭblă*]; *lĕĕ lŭl ĕ bĭblă*, interrompre subite-ment son travail, ses occupa-tions ou ses affaires pour s'oc-cuper d'autre chose.

bistoule [*bĭstŭl*], mélange de café, de sucre et d'eau-de-vie servi dans un tout petit gobelet et coûtant dix centimes. Même signification : *ptĭ pŏ*.

boulache [*bŭlăɛ, bŭlăʃ*], eau dans laquelle on met bouillir [*bŭlĭr*] le linge *ĕχyĕpĕy*, afin de pouvoir ensuite le laver plus facilement.

buque [*bŭk*], très petite par-celle, quantité très minime de matière quelconque. — *pwă ăn bŭk*, nullement, pas du tout.

cair (avoir) [*ăvwăr kĕr*], aimer, chérir.

cause (à) [*ă kŏχ*], pourquoi. — *ă kŏχ pwă*, pourquoi pas.

ch, chl, chelle, chés [*ɛ, ɛl, ɛĕl, ɛĕ*], ce, cet, cette, ces, adjectifs démonstratifs em-ployés comme articles, pour *le*, *l'*, *la*, *les* ; — *ă ɛ* = au, *ă ɛĕ* = aux, *d ĕɛ* = du.

choler [*ɛŏlĕ*], rudoyer, mal-mener.

chuchette [*ɛŭɛĕl*], petit morceau de toile renfermant du pain trempé dans du lait sucré, que l'on donne à *sucer* aux jeunes enfants.

clairisse [*klĕrĭs*], soupe en purée trop peu consistante, trop *claire*.

claquer [klăkĕ], mourir.

cœur [kăĕr], sĕ kăĕr ki tïr, son estomac qui crie famine.

comme i faut [kŏm ĭ fŏw], convenablement, soigneusement.

constinotte (in), in conscienche [ĭ kŏstĭnŏt, ĭ kō-syĕɛ], en vérité, en réalité.

dame [dãm], maîtresse de maison.

dins sin dos (à mettre) [ă mĕt dĭ sĭ dŏ], à se mettre.

do! [dŏ], particule affirmative.

dorè [dŏrèy], tarte en pâte levée plus ou moins grossière, et dont les bords sont *dorés* avec du jaune d'œuf. = ã dŏrĕ ă lĕ bŭlī, un *doré* à la crème.

drapiaux [drăpyŏw], langes d'enfant.

ducasse [dŭkăs], fête patronale d'une localité.

durer (n' pus) [n pŭ dŭrĕ], perdre patience.

éboudiner (rire à s') [rïr ă s ĕbŭdĭnĕ], rire à ventre déboutonné.

ébrouer [ĕbrŭĕ], donner un premier lavage au linge sale.

épourer [ĕpŭrĕ], épousseter; au fig., chasser, envoyer paître.

fème (ém') [ĕm fĕm] = ma chère.

fin [fĭ], très, infiniment, extrêmement, tout à fait.

firlipipis [fïrlĭpĭpĭ], fran-

ges, effilés, galons, garnitures de perles, etc. servant à orner les vêtements de femme.

foute (én' n' avoir pas) [ĕn n ăvwăr pă fŭt], ne pas s'en soucier du tout.

gai [gèy], geai. — Au fig., ã byŏ gèy, un beau sire.

gins (chés) (ɛĕ jĕ) = le monde.

gobelèe [gŏblèy], contenu d'un gobelet.

goulèe [gŭlèy], gorgée.

goutte (chelle) [ɛel gŭt], l'eau-de-vie.

intardeux [ĭtărdæw], entre.

invint [ĕvĕ], intelligence, idée.

ju [jŭ], incident, événement, chose extraordinaire.

lait bouli [lĕ bŭlī]. Voir *dorè*.

loques! (des) [dĕ lŏk!], exclam. d'impatience.

madame (eune) [ĕn mădãm], une dame.

mal faire (pour) [pŭr măl fèr], par malheur.

mie [mīy], pas, point, nullement, seulement.

mi-heurette [mĭ ărèt], petite demi-heure.

mor [mŏr], adv. sans signif. précise, servant à affirmer plus énergiquement.

murgalè [mŭrgălèy], moisi, piqué par l'effet de l'humidité.

oraqueux [ŏrăkæw], individu qui se croit infaillible, qui parle avec prétention, qui donne sentencieusement son avis.

ouaquer [*wăkĕ*], avoir des nausées.

passer les piques (faire) [*fĕr păsĕ le pĭk*], faire souffrir, infliger une peine corporelle.

patriquer [*pătrĭkĕ*], manier salement.

petit-pot [*ptĭ pŏ*]. Voir *bistoule*.

potée [*pŏtèy*], ancienne mesure de capacité, de la contenance d'un quart de *pinte* (ou 1/8 de litre).

Pots Cassès (les) [*lĕ pŏ kăsèy*], la veille des Rois. — *fĕr lĕ pŏ kăsèy*, ancienne coutume saint-poloise, aller jeter de la vaisselle ou des *pots cassés* à l'intérieur des maisons dont les portes ne sont pas fermées à clef, pendant la soirée du 5 janvier, veille de l'Épiphanie.

querque (aller à l') [*ălĕ à l kĕrk*], faire la contrebande du tabac. — *kĕrk*, charge de tabac que peut porter un contrebandier.

querquette [*kĕrkèt*], petite charge (de tabac de contrebande).

quinquinette [*kĕkĭnèt*], portion de café sans eau-de-vie.

rapoïé (ête) [*ĕt răpŏyĕ*], avoir apaisé sa faim, être ravigoté.

ratatoule [*rătătùl*], femme qui n'a pas beaucoup d'ordre.

ré [*rĕ*], panier. N'est plus usité que dans la banlieue.

sânne à vir (i m') [*ĭ m sănn ă vĭr*], il me semble, je crois, il me paraît.

sapré [*săprĕ*], forme adoucie de *sacré*.

sommier [*sŏmyĕ*], poutre qui soutient les solives d'un plancher.

sot [*sŏ*], sot, fou, niais, crédule.

tassette [*tăsèt*], petite tasse (de café).

tirer [*tĭrĕ*]. Voir *cœur*.